GOODBYE GOTT?

Titel: GOODBYE GOTT?
Wissenschaft contra Religion. Eine illustrierte Auseinandersetzung.
Autor: Sean Michael Wilson
Illustrationen: Hunt Emerson

Titel der englischen Originalausgabe:
Goodbye God? An Illustrated Exploration Of Science vs Religion.
New Internationalist Publications Ltd., Oxford 2015

TibiaPress Verlag GmbH
Ruhrpromenade 3, D- 45468 Mülheim an der Ruhr
Tel.: +49 (0)208 88 37 57 47
info@tibiapress.de www.tibiapress.de

Übersetzung: Wilfried Stascheit
Layout: Heike Unger, Berlin
Druck: Druckerei Uwe Nolte, Iserlohn

1. Auflage 2017
ISBN: 978-3-935254-51-9

SEAN MICHAEL WILSON & HUNT EMERSON

GOODBYE GOTT?

EINE ILLUSTRIERTE AUSEINANDERSETZUNG

WISSENSCHAFT contra RELIGION

Vorwort

Ich empfinde es als Privileg, dass ich das Erscheinen dieses Buches mit ein paar Sätzen unterstützen kann. Als Eltern schulden wir es unseren Kindern, ihnen das beste Instrumentarium für ein gelingendes Erwachsenwerden mitzugeben. Als Lehrer schulden wir es den Kindern, sie immer wieder zu ermutigen, offen ihre Fragen zu stellen aber ihnen auch die Werkzeuge zur Verfügung zu stellen, womit sie sich diese Fragen beantworten könnten.
Wenn uns dies gelingt, können wir die Hoffnung haben, dass die nächste Generation in einer besseren Welt leben wird.

Es gibt Leute die argumentieren, dass die beträchtliche Anzahl von Menschen, die Ergebnisse der evolutionären Biologie bezweifeln, uns dazu bringen sollte, auch alternative Ansichten in den öffentlichen Schulen zu lehren. Aber wenn in einer Umfrage der National Science Foundation 50 Prozent der US-Erwachsenen die Aussage "Die Erde umkreist die Sonne und das dauert ein Jahr" für falsch halten, würde das dann auch zur Konsequenz haben, dass wir noch das alte geozentrische System lehren sollten, als Alternative zum heliozentrischen System, damit niemand in seiner Empfindsamkeit getroffen wird?

Sicher nicht! Wie ich in diesem Buch zitiert werde, ist Ziel der Erziehung nicht, Unwissenheit zu verfestigen, sondern sie zu überwinden! Wenn ein signifikanter Bruchteil der US-Bevölkerung nicht weiß, dass die Erde die Sonne umkreist, müssen wir bei diesem Thema einen besseren Job in unseren Schulen machen.

Das gleiche gilt, wenn ein erheblicher Teil der US-Bürger die Ergebnisse der evolutionären Biologie bezweifelt, aus welchem Grund auch immer. Es bedeutet, dass wir unseren Unterricht darüber in den Schulen verbessern müssen, anstatt faule Lippenbekenntnis zu alternativen Ideen abzugeben, die seit langem diskreditiert sind.

Und lassen Sie sich nicht täuschen: Ideen wie „Intelligentes Design" haben keinen wissenschaftlichen Wert. Sie sind so vage, dass sie in den meisten Fällen unüberprüfbar sind. In den seltenen Fällen, wo es überprüfbare Aussagen gegeben hat, haben sich diese als empirisch falsch erwiesen.
Evolution ist eine der am besten überprüften wissenschaftlichen Ideen überhaupt. Wir Wissenschaftler arbeiten nicht damit, weil wir sie mögen. Wir benutzen sie, weil sie funktioniert, angefangen beim Verständnis unserer Ursprünge bis hin zur Entwicklung neuer Medikamente.
Wer Kindern Wissen vorenthält, weil wir die Implikation daraus nicht mögen, erweist ihnen einen Bärendienst. Die meisten Religionen leiden unter derselben Schwäche: Sie haben Antworten parat, bevor überhaupt Fragen gestellt werden. Es werden Ansprüche

auf die absolute Wahrheit erhoben ohne irgendeine Begründung. Wissenschaft aber lehrt, dass es grundsätzlich keine solche
absolute Wahrheiten gibt - je tiefer wir forschen, desto nuancierter wird die Realität oft. Das zwingt uns dazu, unseren Horizont auszuweiten, auch wenn er bislang menschlichen Maßstäben angemessen erschien.
Wenn unsere Gesellschaft optimal funktionieren soll, sollte uns keine Idee heilig sein oder außer Frage stehen, einschließlich religiöser Ideen.

Deshalb brauchen wir Bücher wie „Good bye Gott?", die uns helfen einen klaren Blick auf religiösen wie auch auf wissenschaftlichen Unsinn zu bekommen, der uns beim vernünftigen Nachdenken im Weg steht. Bücher, die uns helfen politisch eine gesündere und glücklichere Welt zu organisieren, die die Herausforderungen des 21. Jahrhunderts richtig anpackt.

Lawrence M. Krauss (*1954) ist Gründungsprofessor und Direktor des Origins Projekt an der Arizona State University. Selber theoretischer Physiker ist er auch Autor einiger Bestseller, darunter *Die Physik von Star Trek und Ein Universum aus nichts: ... und warum trotzdem etwas da ist* oder etwa der Biografie des bedeutenden Quantenphysikers Richard Feynman.

Teil 1

Evolution und Kreationismus

Dies Buch behandelt ein paar **ziemlich gewichtige Fragen**. Es geht um Dinge, die mit einer Menge großer Gefühle besetzt sind und die intensivste Debatten auslösen … Es geht um die Art und Weise, **wie wir unser Leben und die Welt beurteilen**.

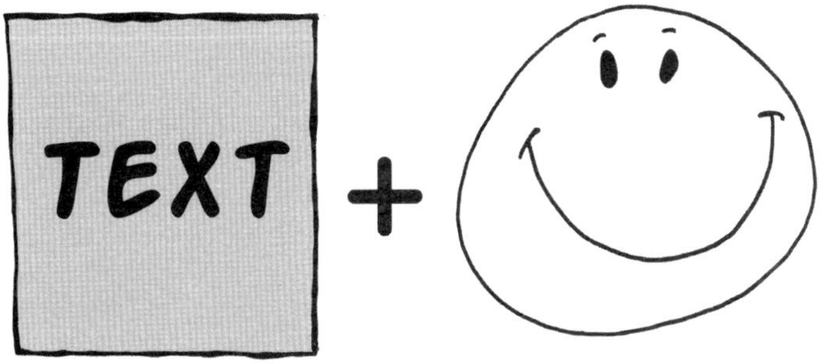

Na ja. Aber was ist ein **Comic**, eine **Graphic Novel** oder ein **Manga**? Doch nur eine Kombination von **Texten und Bildern**.

Und aus welchem Grund sollte solch eine Kombination nicht geeignet sein, um sogenannte „ernste Themen" anzugehen?

Es gibt keinen Grund. Also ran an den Feind …

Im ersten Teil wollen wir verschiedene Aspekte des Konfliktes zwischen **Wissenschaft** und **Religion** untersuchen.

Zum Beispiel, wie etwa der Streit **Kreationismus** gegen **Evolution** in der Schule ausgetragen wird …

Schöpfungslehre vs. Evolution

Zuerst einmal ist es hilfreich, sich anzusehen, was die **Schöpfungslehre** ist. Und was ist die **Evolutionstheorie**, die im Widerspruch zu jener steht?

Das sagt das **Nationale Zentrum für Wissenschaftserziehung** der USA über die Schöpfungslehre:

„Die Schöpfungslehre bezieht sich auf den religiösen Glauben an eine übernatürliche Gottheit oder Macht, die direkt in die physische Welt eingreift oder eingegriffen hat. Es gibt viele Varianten des Schöpferglaubens."

„Manche Formen des Kreationismus halten daran fest, dass natürliche biologische Prozesse nicht die Geschichte, Vielfalt und Komplexität vom Leben auf Erden erklären können. Solche **‚Anti-Evolutions'-Kreationisten** setzen sich gegen das Lehren der Evolution seit den 1920ern ein."

Aber lasst uns fair bleiben und es ein wenig genauer betrachten.

Davor sollten wir jedoch etwas über die Gegenseite sagen: Die **Evolutionstheorie**. Gemäß dem Magazin „New Scientist“:

„Evolution hat einige Facetten. Eine ist die Theorie, dass alle lebenden Arten veränderte Nachfahren von früheren Arten sind und dass wir alle gemeinsame Vorfahren teilen ...“

„... sind deshalb alle Spezies über einen riesigen **Baum des Lebens** verwandt.“

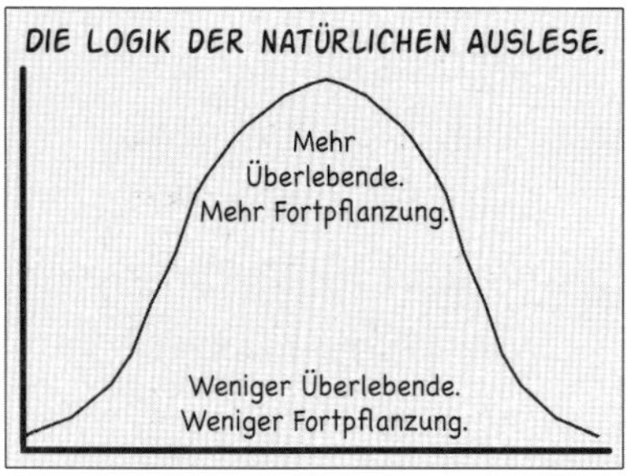

Also hatten die Individuen mit diesen Eigenschaften die bessere evolutionäre Fitness. Und diese nützlichen Eigenschaften setzten sich durch, weil sie weitervererbt werden und wieder besser überleben und sich noch stärker vermehren konnten.

So hat die natürliche Auslese schließlich eine Population von allen möglichen Tieren hervorgebracht, die ihrer Umgebung gut angepasst waren. Darwin beobachtet etwa Finken auf den Galapagosinseln, die verschiedene Formen von Schnäbeln entwickelt hatten, jeweils passend zur Art ihres Futters. Manche hatten dünne, lange Schnäbel, womit sie Maden herauspulen konnten; andere hatten große klauenartige Schnäbel, um damit Früchte und Knospen zerdrücken zu können.

TIERE WIE DIESE FINKEN HABEN SICH ANGEPASST. DAS BEDEUTET, DASS DIE FÄHIGKEIT EINER SPEZIES, IN EINER SPEZIELLEN NISCHE ZU ÜBERLEBEN, GEWACHSEN IST, WEIL SICH IHRE KÖRPERFORM ODER IHR VERHALTEN ÜBER DIE NATÜRLICHE SELEKTION VERÄNDERT HABEN.

Aber nicht nur die Eigenschaften bestimmter Tiere geben ihnen einen Überlebensvorteil; es gibt auch das Konzept der „sexuellen Selektion", das 1859 von Darwin eingeführt wurde.

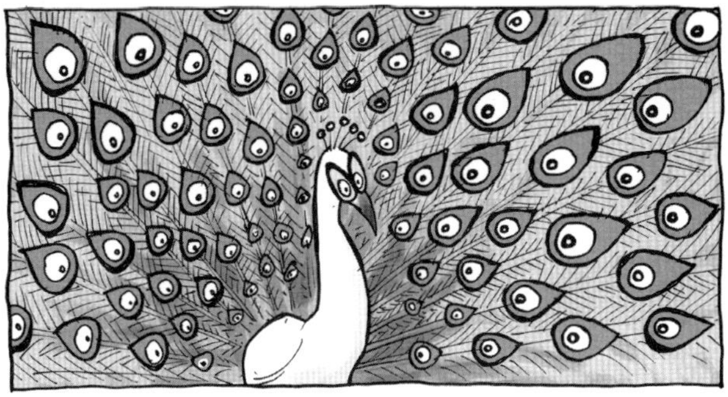

Einige Forscher zweifeln hingegen daran. Sie sagen, dass Intelligenz kein reelles Signal von Fitness ist – ein Signal, das eine größere biologische Fitness auf eine glaubwürdige Art und Weise sichtbar macht.

Es gibt aber einige Sachen, die eindeutig reelle Signale sind, und diese Eigenschaften werden sexuell ausgewählt ... wie die übergroße Schere einer männlichen Winkerkrabbe.

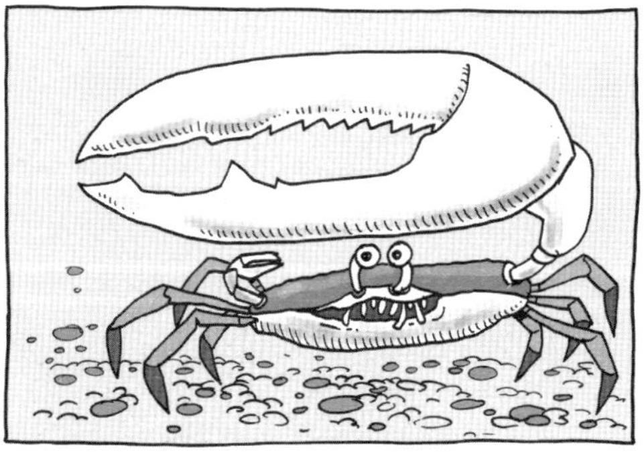

Oder der Sprung eines Springbocks, der damit seine Geschicklichkeit und Schnelligkeit zeigt.

„Was diese Signale machen, ist, dem Individuum eine Leistungsfähigkeit zu attestieren, die von jenen nicht erbracht werden kann, die nicht in Bestform sind; dies sind reelle Signale der Fitness ... bei Pfauen, die krank oder schwach sind, ist die Krankheit an ihren Federn erkennbar."

RATIONALSKEPTICISM.ORG

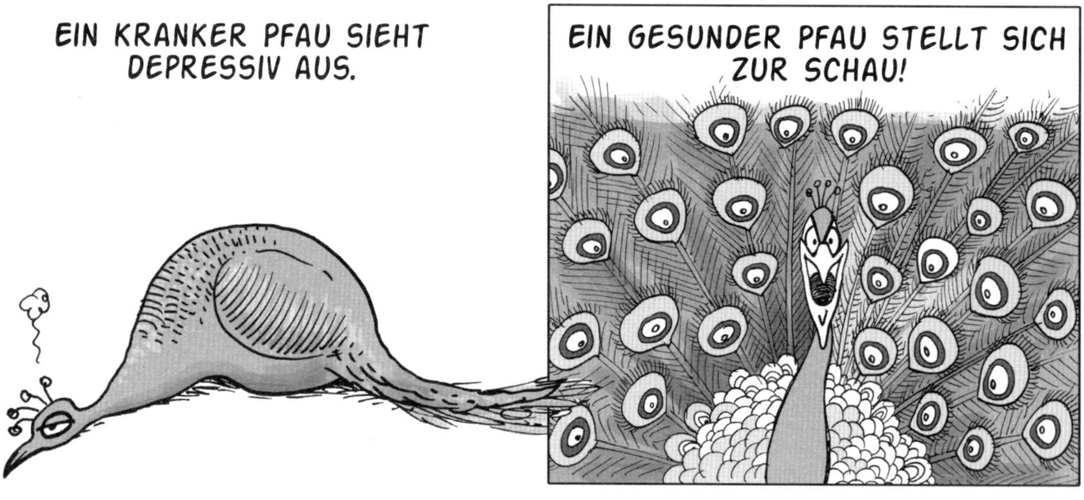

„Darwin beobachtete, dass es manche Charakteristiken gibt, die nicht so aussehen, als würden sie dem Organismus helfen, sich an seine Umgebung anzupassen. Er behauptete, dass sie im Prozess der sexuellen Selektion deutlich werden."

- EMILY BROWN, CHRIST'S COLLEGE, CAMBRIDGE.

In „Die Abstammung des Menschen und die geschlechtliche Zuchtwahl“ (1871) sagte Darwin, dass sexuelle Selektion …

Daher vermerkte Darwin, dass Evolution von sexueller Selektion angetrieben wird oder wie diese Damen es nennen würden:

So eine Entwicklung ist aber nicht einfach eine Frage der allmählichen Veränderung, da auch einige andere Dinge sich im Laufe der Zeit verändern. Die Blätter an den Bäumen zum Beispiel verändern sich im Jahresverlauf.

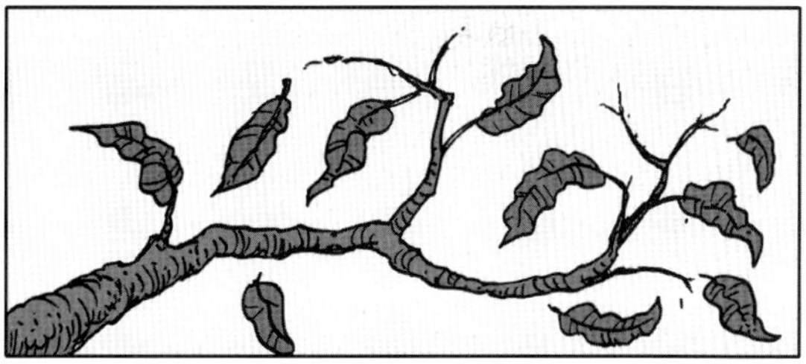

Oder Berge werden über einen sehr langen Zeitraum abgetragen.

Diese Veränderungen resultieren nicht aus der Evolution, weil sie nicht auf das genetische Erbe zurückzuführen sind.

Der Kerngedanke von biologischer Evolution ist, dass alles Leben auf der Erde einen gemeinsamen Vorfahren hat.
Und dass durch den **Abstammungsprozess** zusammen mit der **Anpassung** sich all die Vielfalt entwickelte, die wir heute kennen.

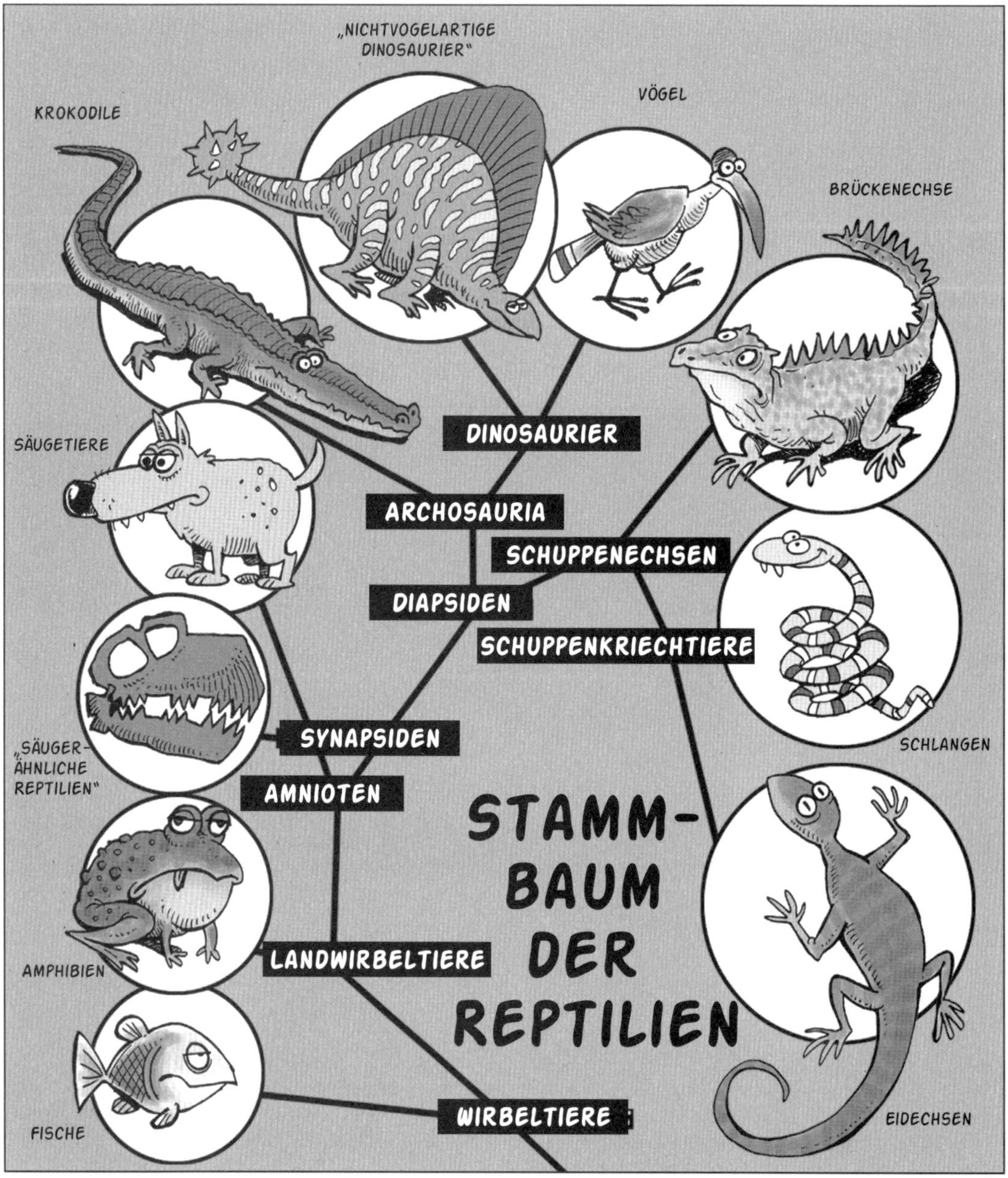

DIESES BILD ZEIGT DIE **STAMMESGESCHICHTE** - DIE **EVOLUTION** EINER GENETISCH VERWANDTEN GRUPPE, IHRE ABSTAMMUNGSLINIEN UND FAMILIENBEZIEHUNGEN.

Sehen wir uns jetzt genauer die kreationistische Auffassung an. In manchen Spielarten des Kreationismus wird behauptet, dass die Art der natürlichen biologischen Prozesse, die wir uns gerade angeschaut haben, nicht die Geschichte und Vielfalt des Lebens auf der Erde erklären kann:

„Evolution ist ein anerkannter Prozess (in der Wissenschaft, im Geschäftsleben oder anderswo); gewiss stimmen Kreationisten damit überein – wenn es um die Gestaltung oder Konstruktion von Dingen geht. Natürlich haben sich Autos über die letzten 100 Jahre entscheidend verbessert, aber das ist nicht aus sich heraus passiert. Die Entwicklung der Autos ist dem Beitrag von intelligentem Design geschuldet, der Weiterentwicklung technischer Fähigkeiten und Kontrolle des Managements."

(CREATIONISM.ORG)

Hier listen Kreationisten ohne einen Hauch von Sarkasmus einige Arten der Evolution auf. (Sie lehnen nicht jede Art von Evolution ab.)

#1 KOSMISCH:
Vom theoretisierten Urknall von vor (schätzungsweise) 14 – 20 Milliarden Jahren bis zur (Evolution oder) Entwicklung vongasförmigem Wasserstoff zum Leben.

#2 CHEMISCHE EVOLUTION:
Gase und andere höhere Elemente entwickeln sich zu Leben – im Laufe der Jahre steigen die molekulare & chemische Ordnung und die Komplexität von selbst an.

#3 STERNE UND PLANETEN:
Schwerkraft, Magnetismus, Strahlung und andere „zufällig existierende" Kräfte verschmelzen die Moleküle, die von alleine entstehen und sich über Milliarden von Jahren zu Protosternen und anschließend zu Sternen und Planetenkörpern entwickeln.

#4 ORGANISCHE EVOLUTION:
Postulierte automatisch fortschreitende chemische Prozesse lassen Leben aus sterilem Nichtleben entstehen. Dies wird auch Spontanzeugung oder Abiogenese genannt. Leben aus unbelebter Materie; und wieder ganz von alleine. Die Komplexität wächst, und an irgendeinem Punkt entsteht von alleine eine fortlaufende Replikation.

#5 MAKROEVOLUTION:
Lebewesen entwickeln sich durch zufällige Prozesse über die Zeit auseinander. Aus einzelligen Lebewesen entstehen multizellulare Meereslebewesen. Fische entwickeln sich zu Amphibien und dann zu Reptilien, die wiederum zu Vögeln und Säugetieren werden. Über die theoretisch angenommenen Millionen von Jahren hat die Komplexität von Leben in der Natur (offensichtlich) an Ordnung, Anzahl und Größe zugenommen.

#6 MIKROEVOLUTION:
Strukturierte Veränderungen in bereits existierenden Lebewesen. Vererbung & Variantenbildung. Dies ist naturwissenschaftlich und in der Natur zu beobachten.

ZUSAMMENGEFASST AUS: CREATIONISM.ORG

Hier sind einige interessante **Umfrageergebnisse** über die Ansichten von **Amerikanern** bezüglich unserer Ursprünge:

Welche der folgenden Aussagen kommen deinen Ansichten vom Ursprung und der Entwicklung der Menschen am nächsten?

- (schwarz) Über Millionen von Jahren haben sich Menschen aus weniger fortschrittlichen Lebensformen entwickelt, aber Gott leitete diesen Prozess.
- (grau) Über Millionen von Jahren haben sich Menschen aus weniger fortschrittlichen Lebensformen entwickelt, aber Gott spielte keine Rolle in diesem Prozess.
- (hellgrau) Gott schuf einst die Menschen so annähernd in der heutigen Form innerhalb der letzten 10.000 Jahre.

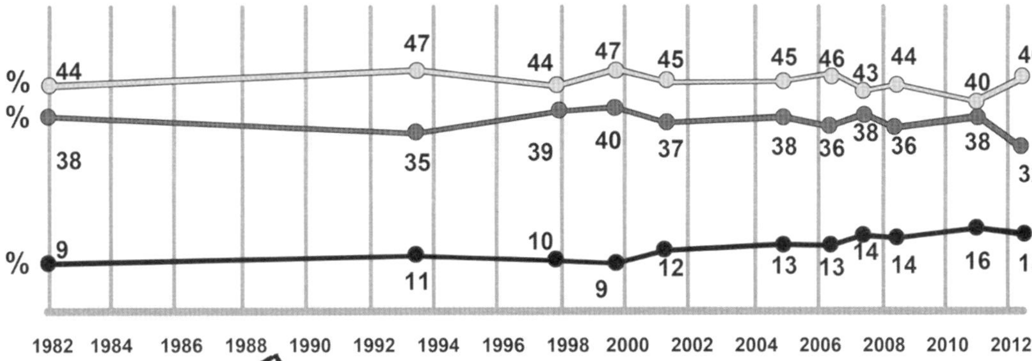

In Deutschland ist die kreationistische Sicht nicht ganz so verbreitet. Immerhin meinten 46% (heute sogar 69%) der Menschen, dass Gott mit dem ganzen Prozess nichts zu tun hat. Aber fast gleich viele Menschen glauben an den Schöpfergott oder zumindest an „Intelligentes Design".

In den USA hat sich an den Meinungen in den letzten Jahrzehnten nicht wirklich viel verändert. Das heißt möglicherweise, dass naturwissenschaftliche Bildung wenig Einfluss auf das religiöse Denken in den Vereinigten Staaten hat.

Es könnte aber sein, dass in den USA die Menge der Personen, die denken, dass Gott **nicht** in den Prozess der menschlichen Entwicklung involviert war, größer geworden ist.

„Dass Gott die Menschen innerhalb der letzten 10.000 Jahre erschaffen hat", ist die Position des Junge-Erde-Kreationismus. Manche meinen sogar, es ist vielleicht nur **5700 Jahre** her.

Wohlgemerkt, er schuf nicht nur die Menschen, sondern das Universum, die Erde und das ganze Leben auf ihr. Das alles in **sechs 24-Stunden-Tagen** ...

DEMNACH GLAUBEN DIE JUNGE-ERDE-KREATIONISTEN FOLGENDES:

„Wir glauben, dass der Mensch direkt von Gott und nach seinem Ebenbild geschaffen wurde. Wir glauben, dass Gott in einem direkten Akt vor 6000 Jahren die Himmel und die Erde, inklusive allen Lebens, in buchstäblich sechs 24-Stunden-Tagen geschaffen hat. (Gen 1.1, Joh.1.3; Kolosser 1.16-17)

Die ... Beschreibung in der Genesis bietet ein verlässliches Gerüst für die wissenschaftliche Erforschung der Fragen des Ursprungs und der Geschichte des Lebens, der Menschheit, der Erde und des Universums.

Die verschiedenen originalen Lebensformen, einschließlich der Menschheit, wurden in unmittelbaren Schöpfungsakten von Gott gemacht. Die heute lebenden Nachkommen der originalen Arten (abgesehen vom Menschen) können heute mehr als eine Spezies repräsentieren, dies spiegelt ihr ursprünglich angelegtes genetisches Potenzial wider. Nur sehr beschränkt kamen biologische Veränderungen seit der Erschaffung innerhalb der Arten natürlich vor."

CREATIONTODAY.ORG

Das sind einige Behauptungen, zu denen sie auch „Belege“ liefern, die wir im Folgenden darstellen.

Und wir haben **Richy Thompson** von der **British Humanist Association**, der die Gegenargumente liefert.

BELEGE FÜR DIE „JUNGE ERDE“

Der älteste Baum, die „Langlebige Kiefer“, ist annähernd 4300 Jahre alt – datiert mit Hilfe der Jahresringe. Diese Methode mag nicht perfekt sein, aber es ist die beste, die wir haben, um das Alter von Bäumen zu bestimmen.

*Eine klonale Kolonie ist eine Gruppe von genetisch identischen Individuen, wie Pflanzen, Pilzen etc., die an einem Ort gewachsen sind und alle vegetativ (nicht sexuell) von einem Vorfahren abstammen. In manchen Fällen kann ihre Verbindungslinie sehr viel weiter als 5000 Jahre zurückgehen.

ZWEITE BEHAUPTUNG: **DIE VERLANGSAMUNG DER ERDROTATION**

„Berechnungen der Ausbreitungsgeschwindigkeit der Sahara zeigen, dass die Wüste 4000 Jahre alt ist. Dieses junge Alter der Saharawüste passt ziemlich gut in die kreationistische Zeitleiste, da der Wüstenbildungsprozess kurz nach der weltweiten Sintflut begann. Folgt man dagegen der Zeitleiste der Evolutionisten über ihren Zeitraum von Millionen von Jahren, müsste sich die Saharawüste schon längst bis zu ihrer maximalen Größe ausgedehnt haben."

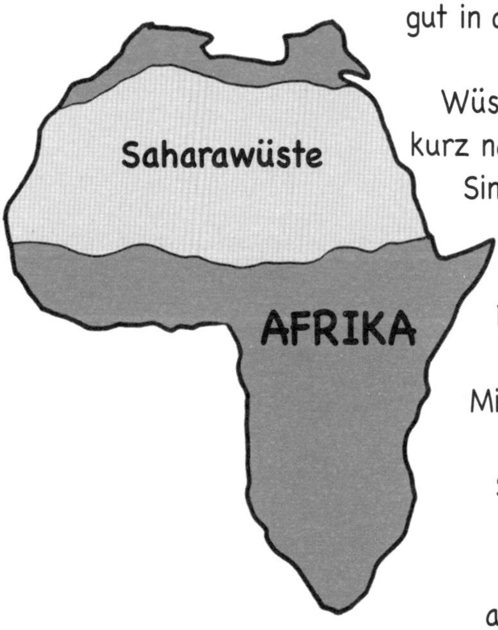

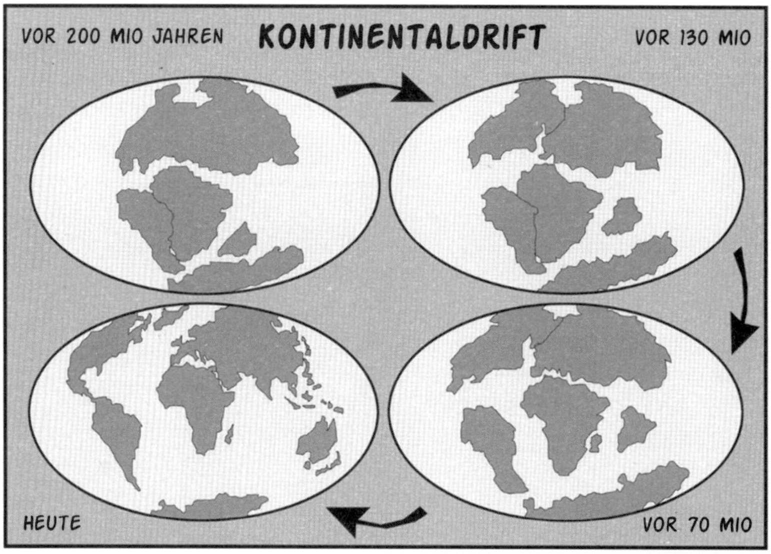

DRITTE BEHAUPTUNG: **POPULATION**

„1810 lebten etwa eine Milliarde Menschen auf der Erde. In weniger als 200 Jahren erreichte die Population sechs Milliarden. Dies passt perfekt zur Chronologie der Bibel, da die gegenwärtige Population mit Noah und seiner Familie nach der Sintflut vor 4400 Jahren entstand."

VIERTE BEHAUPTUNG: **SCHNELLE EROSION DER NIAGARAFÄLLE**

„Charles Lyell nutzte in seinen ‚Principles of Geology' die Niagarafälle als Beispiel für seine Theorie des Uniformitarianismus (langsame gleichförmige Entwicklung). Er schätzte, dass die Niagarafälle 10.000 Jahre alt seien. Er tat dies, um die Bibel zu diffamieren. Solche Skeptiker ... verschweigen einen wichtigen Faktor – die weltweite Flut vor ungefähr 4400 Jahren ...

Arbeitet man mit der Zeitleiste der Evolutionisten, sollten die Niagarafälle schon in den Eriesee erodiert sein. Den wahren Grund, weshalb die Niagarafälle nicht weiter erodiert sind, umgehen die Evolutionisten. Wissenschaft orientiert sich am Zeitstrahl der Schöpfung, während Evolutionisten sich abmühen, ihre Vermutungen und Theorien nachvollziehbar zu machen."

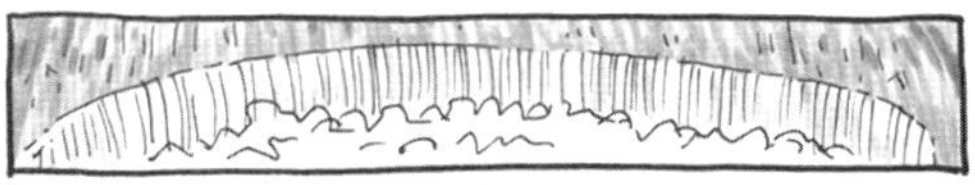

FÜNFTE BEHAUPTUNG: **ABNEHMENDES MAGNETISCHES FELD**

„Studien der letzten 140 Jahre zeigen eine konstante Zerfallsrate des magnetischen Felds als Schutzschild der Erde. Geht man von diesem Tempo aus, wäre auf der Erde vor weniger als 25.000 Jahren Leben unmöglich gewesen, weil die kosmische Strahlung alles zerstört hätte."

SECHSTE BEHAUPTUNG: **SALZ IN DEN MEEREN**

„Das Wasser der Ozeane beinhaltet 3,6 % gelöste Mineralien, die dem Meer seinen Salzgehalt geben. Salz aus den Elementen Natrium und Chlor ist das Hauptmineral. Jahrelang haben Wissenschaftler die Menge an Natrium in den Meeren gemessen und fanden heraus, dass sich jährlich schätzungsweise 457 Millionen Tonnen in den Ozeanen ablagern, während nur 122 Millionen Tonnen das Meer auf verschiedenen Wegen verlassen. Geht man von dem derzeitig gegebenen Salzgehalt der Meere aus, favorisiert das die These von der jungen Erde nach der weltweiten Sintflut. Bewegt man sich im zeitlichen Rahmen der Evolutionisten, wären die Ozeane gesättigt mit Salz."

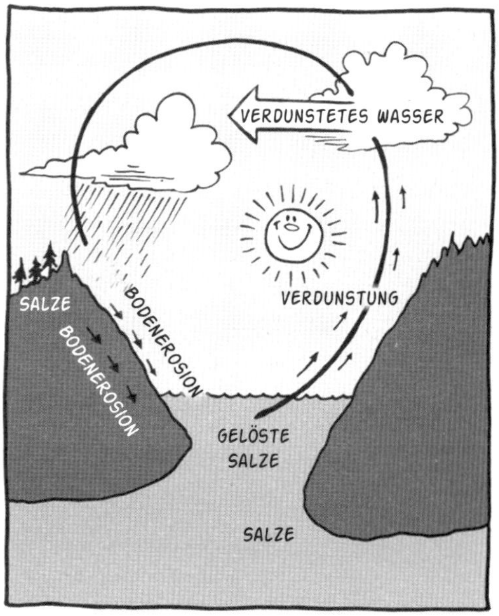

Diese englischsprachige Webseite der „Alte-Erde"-Kreationisten widerlegt eine Menge der „Junge-Erde"-Behauptungen: oldearth.org

Die Denkweise besonders der Junge-Erde-Kreationisten, bei der alles auf ihre Theorie hingebogen wird, schauen wir uns später noch genauer an. Trotzdem für einen schnellen Eindruck:

Hier haben wir Dave, der glaubt, dass Hunde Spione von der Venus sind, die sich darauf vorbereiten, mit Hunde-Raumschiffen zu landen und die Erde zu erobern. Eine verrückte Idee, aber ist es unglaublicher als das, was in manchen Religionen gängiger Glaube ist?

Wie steht es etwa damit, dass Gott mit dir in der Wüste gesprochen und dich heilige Gebote gelehrt hat? Oder dass ein überirdisches Wesen dich hassen wird, wenn du freitags keinen Fisch isst ... oder sich einer Kirche auf ewige Zeiten zu verpflichten?

Daves Freunde versuchen, mit logischen, vernünftigen Argumenten die Widersprüchlichkeit seiner Ideen aufzuzeigen. Aber immer wieder fällt Dave ein raffinierter Weg ein, um seine zentrale Theorie zu sichern, auch wenn die Beweise erdrückend dagegensprechen.
Er wird alles drehen und wenden, bis seine Beweise passen ...

Aber was ist mit Venus? Da ist es entsetzlich heiß, mit riesigen Schwaden von Säurewolken. Nichts könnte da leben. Auf jeden Fall kein Hund!

Ich habe einen Hund, und ich bin mir ziemlich sicher, dass er keinen Sender in seinem Körbchen versteckt hat!

Warte eine Minute – wie würden die Hunde Raumschiffe fliegen? Sie haben keine Hände – sie können Dinge wie Steuerräder oder Joysticks nicht halten.

Wie du siehst, kann das nun bis zum Erbrechen weitergehen. Maria und Peter bringen immer wieder, wie es scheint, hieb- und stichfeste Argumente, die Daves Theorie widerlegen, aber Dave kommt immer wieder mit neuen Finten, die seine Theorie zu beweisen scheinen. Das ähnelt oftmals dem, was Kreationisten machen – ganz gleich, welcher wissenschaftliche Beweis gefunden wird, sie reagieren mit einer neuen Wendung, die ihre zentralen Glaubenssätze makellos bleiben lässt.

Nehmen wir ein zentrales Element der Vorstellung der Junge-Erde-Kreationisten – die **Sintflut**. Noah baute seine Arche und nahm „zwei von allen lebenden Kreaturen, männlich und weiblich, und sieben Paare aller reinen Tiere" auf.

Also ... das muss ziemlich voll gewesen sein auf der **Arche**, die 133,5 x 22,5 x 13,4 m gemessen haben soll. Wie haben die alle diese Tiere hineinbekommen?

Was ist mit den großen Dinosauriern? Der Brontosaurus war alleine 23 m lang!

Und wie schafften Tiere von weither, wie die Polarbären, den ganzen Weg zum Berg Ararat in der Türkei?

Und wie hat Noah alle diese Tiere gefüttert während der einjährigen Sintflut? Das sind ´ne Menge Lunchpakete!

Wir konzentrieren uns hier hauptsächlich auf den **Junge-Erde-Kreationismus**. Aber es gibt noch **andere Varianten,** zum Beispiel:

Der „**Alte-Erde-Kreationismus**" akzeptiert, dass die Erde weit älter als 6000 Jahre ist, erkennt aber trotzdem nicht die Evolution an. Während dies die Ablehnung einer wörtlichen Interpretation der Bibel bedeutet, akzeptiert man aber nicht, die **Genesis** rein metaphorisch zu betrachten, wie es die theistische Evolutionslehre macht.

Theistische Evolutionisten meinen, dass Wissenschaft und Glaubensüberzeugung vereinbar sind. Sie behaupten, dass Gott die Welt geschaffen hat, indem er die kosmischen und biologischen Prozesse in Gang gesetzt hat ...

...sich aber dann zurückzog und der Evolution freien Lauf ließ.

Mittlerweile besteht die kreationistische „wissenschaftliche" Sicht in der **buchstäblichen Akzeptanz der Bibel**, also auch der Schöpfung innerhalb der letzten 6000 Jahre. Sie lehnt deshalb die Evolution ab, versucht dagegen, „wissenschaftliche Unterstützung" für die Schöpfungsgeschichte zu liefern.

„Intelligentes Design" ist ein neuerer Typus des Kreationismus und ebenso pseudowissenschaftlich. Hier wird behauptet, dass die komplexe Gestaltung des Universums am besten als Folge einer willentlichen intelligenten Handlung zu erklären ist. Es wird aber nicht von allen behauptet, dass dies das Werk des christlichen Gottes ist.

Diese Ansichten werden von Humanisten und den meisten Wissenschaftlern abgelehnt. Auch werden die meisten Varianten des Kreationismus von vielen gläubigen Menschen abgelehnt. Sie bringen die Nichtakzeptanz der Kreationisten von grundlegenden Prinzipien in Wissenschaft und Evolution eher noch in Verlegenheit.

Eine Kernfrage, die viel bitteren Streit verursacht hat, ist:
Soll Kreationismus in Schulen unterrichtet werden?
Sollten Steuergelder genutzt werden, um extreme religiöse Ansichten über die Natur des Lebens und des Universums zu verbreiten?

Hier ist ein anderer interessanter Typ, um uns beizustehen: Stephen Law ist Dozent für Philosophie (Universität London), Herausgeber der Zeitschrift des Royal Institute of Philosophy „Think" und Vorsteher des „Centre for Inquiry UK".

STEPHENLAW.BLOGSPOT.DE

Die bei den Humanisten auf der ganzen Welt organisierten Menschen (in Deutschland: Humanistischer Verband – HVD) sind überzeugt, dass Evolution die wichtigste Idee ist, die der Biowissenschaft zugrunde liegt. Sie ist das **Schlüsselkonzept**, mit dem Kinder von Jung an vertraut gemacht werden sollten, um sie vor populärem Irrglauben zu schützen.

Und dies sorgt für ein solides wissenschaftliches Verständnis für spätere genauere Studien.

Speziell beim Biologieunterricht gilt: Das Verstehen der Evolution ist wichtig für das **Verständnis aller Aspekte der Biologie** vom menschlichen Verhalten bis hin zur genetischen Ursache von Krankheiten.

Hier liegt auch der Schlüssel, um zu begreifen, wie die Entwicklung und die Vielfältigkeit des Lebens von Umweltfaktoren beeinflusst werden.

Von daher sollte sie ein zentraler, nicht nebensächlicher Teil der Schulbiologie sein.

Bevor wir uns beispielhaft die **Schulsituation** einiger Länder anschauen, wollen wir noch einmal darauf eingehen, wieso Kreationismus nicht in Schulen unterrichtet werden sollte.

Ein Hauptargument dafür ist, dass solch ein religiöses Denken keineswegs einen Forschergeist fördert, der hinausgeht und neue Entdeckungen macht oder dem gar wissenschaftliche Durchbrüche gelingen.

Richard Dawkins hat für uns einen vernünftigen Rat:

Wie üblich formulierte **Christopher Hitchens** es schärfer:

Noam Chomsky wies auf eine weitere Konsequenz hin, dass nämlich Menschen, die auf simplifizierte religiöse Art denken, oft viel Macht besitzen und viel Schaden anrichten.

Bruce Bartlett, ein hoher politischer Berater im Weißen Haus (Reagan und Bush), erzählte einmal beispielhaft von der Macht solch dummer Menschen, hier George W. Bush:

„ER GLAUBT ERNSTHAFT AN SEINEN AUFTRAG VON GOTT. DIESER ABSOLUTE GLAUBE MACHT DIE FRAGE NACH EINER ANALYSE ÜBERFLÜSSIG. BEI RELIGION GEHT ES DARUM, AN DINGE ZU GLAUBEN, FÜR DIE ES KEINEN EMPIRISCHEN BEWEIS GIBT … ABER DU KANNST DIE WELT NICHT AUF DER BASIS VON GLAUBEN FÜHREN."

Wie gut lief es für die Vereinigten Staaten, als ein religiöser Mann aus seinem Bauch heraus entschied, Analyse von Fakten entwertete und Sichtweisen mied, die nicht ganz zu seinen passten?

Hmm … nicht so gut.

WIEDER CHRISTOPHER HITCHENS.

Was das Unterrichten von Kreationismus in Schulen in den USA betrifft: Es war ein echter Schlagabtausch – konservative religiöse Gruppen übten einen enormen Druck aus, um sicherzugehen, dass die wesentlichen Aspekte der Evolutionstheorie von Schülern kritisch analysiert werden.
Dagegen fiel 1968 eine wichtige Entscheidung vom Obersten Bundesgericht, als es im Fall „Epperson vs Arkansas" darauf bestand, dass das Gesetz in Arkansas, was das Unterrichten von Evolution verbietet, ein Verstoß gegen den Ersten Zusatzartikel der Verfassung ist.
THWAK
THOK

Allerdings verabschiedete Louisiana danach ein Gesetz, das verlangt, dass öffentliche Schulen „den alternativen Entstehungstheorien die gleiche Zeit" geben sollte.
Und mit einer konstitutionellen Rückhand entschied 1987 das Oberste Bundesgericht die Gesetze für verfassungswidrig, die verlangten, dass Kreationismus immer parallel mit Evolution unterrichtet werden musste.
SPANG
SPONG

In jüngerer Zeit setzten sich Verfechter von „Intelligentem Design" dafür ein, dass ihre Ansicht in staatlichen Schulen gelehrt wird. Im Rahmen ihrer Kampagne „Lehre beide Seiten" („Teach the Controversy") stellten sie Schülern Belege für und gegen die Evolution vor.

SARKASTISCH GEMEINTES MOTIV AUS EINER T-SHIRT-SERIE VON AMORPHIA-APPAREL.COM

Gegner dieser Art von Unterricht wollen keine pseudowissenschaftlichen Inhalte, deren Behauptungen nicht in einem Experiment getestet werden können, die keinerlei neue Hypothesen formulieren und deren Prognosen, falls welche gemacht werden, falsch sind.

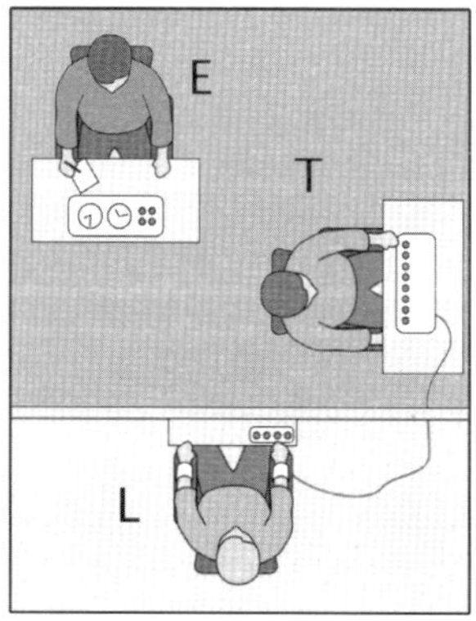

Es gibt dabei keine echte wissenschaftliche Kontroverse, nur eine politische und religiöse. Deshalb sagen manche, dass „Teaching the Controversy" in Sozialkunde oder im Philosophieunterricht okay sein könnte.

Andere lehnen es grundsätzlich ab, Kindern Kreationismus beizubringen. Manche sagen sogar, dass es vergleichbar mit Kindesmissbrauch ist, jedenfalls in Bezug auf den geistigen Schaden, den es anrichten kann.

Physikprofessor Lawrence Krauss:

Sicherlich haben Eltern, die ihre Kinder auf private religiöse Schulen schicken wollen, die Freiheit, dies zu tun. Das Problem ist, dass das **Geld der Steuerzahler** nicht für den Religionsunterricht genutzt werden sollte, insbesondere in einem System, in dem der Geldmangel bereits chronisch ist. Die Karte zeigt die Orte der Schulen in den USA, die staatliche Förderung erhalten und Kreationismus unterrichten:

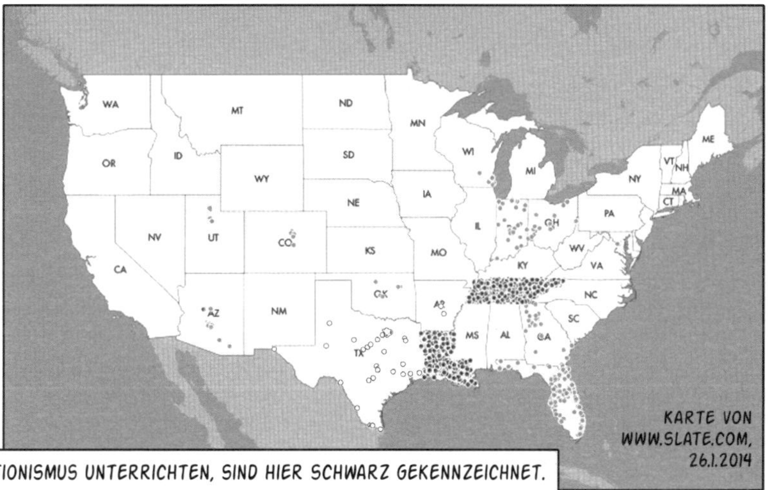

ÖFFENTLICHE SCHULEN, DIE KREATIONISMUS UNTERRICHTEN, SIND HIER SCHWARZ GEKENNZEICHNET. CHARTER SCHOOLS SIND ALS WEIßE KREISE DARGESTELLT UND PRIVATE SCHULEN IN GRAU.

Man sieht, dass die meisten dieser Schulen in den Südstaaten der USA liegen, zum Beispiel hat Florida mindestens 164 Schulen, die Kreationismus unterrichten. In Texas, Louisiana und Tennessee ist es den Lehrern allgemein erlaubt, „Alternativen" zur Evolution zu unterrichten oder sogar Evolution „abzuwählen".

Aber es geht nicht nur um diese Ebene, wie Biologieprofessor Randy Moore (University of Minnesota) der New York Times erzählte:

In einigen Staaten werden die kreationistischen privaten Schulen vom Geld des Steuerzahlers mit staatlichen Bildungsgutscheinen oder Stipendienprogrammen unterstützt. Nicht alle Leute in den Vereinigten Staaten sind glücklich darüber, dass ihre Steuergelder dazu beitragen, Schüler davon zu überzeugen, dass Evolution eine wissenschaftliche Hypothese darstellt, die nicht glaubwürdiger ist als „Gott tat es". Aber der heimliche Lehrplan funktioniert auch in Deutschland.

Die New York Times berichtete für die USA, dass nur 28 % der Biologielehrer den Empfehlungen des US National Research Council konsequent nachgehen, um Beweise für die Evolution vorzutragen und zu erklären, wieso es ein übergreifendes Thema für die ganze Biologie ist. Ganze 13 % seien Verfechter des Kreationismus und verbringen mindestens eine Stunde der Unterrichtszeit damit, ihn in einem positiven Licht darzustellen.

Dann haben wir noch die, die man die „vorsichtigen 60 %" nennt – jene Lehrer, die Ärger mit den Eltern, Schülern und vielleicht Arbeitskollegen aus dem Weg gehen, indem sie sich weder auf die Seite von Evolution noch von Kreationismus schlagen. Klingt das so, als würde Angst die Wissenschaft besiegen? Als würde Konformismus eine freie Forschung bezwingen?

ROY SPECKHARDT, VORSTANDMITGLIED DER AMERICAN HUMANIST ASSOCIATION.

In Anbetracht der Wichtigkeit dieser zentralen Problematik ist es nicht überraschend, dass Humanisten des Vereinigten Königreiches, der Vereinigten Staaten und natürlich auch in Deutschland einen ziemlichen Aufwand betreiben, um Wissenschaft in der Bildung zu fördern und zu unterbinden, dass Geld und Zeit für das Unterrichten von Kreationismus verschwendet werden.

In Deutschland gibt es die Initiative **Evokids**, die sich mit Aktionen und Materialien dafür einsetzt, dass Evolution schon in der Grundschule (3.– 6. Klasse) unterrichtet wird. Evokids produziert und verteilt Lehrbücher, stellt z.B. auf der Didacta aus oder organisiert Kongresse mit Wissenschaftlern und Pädagogen.

In England werden ähnliche Initiativen von Wissenschaftlern wie David Attenborough, Prof. Colin Blakemore, Richard Dawkins, Paul Nurse und Prof. Dr. Michael Reiss unterstützt.

Richy wird uns die Situation in Großbritannien erklären:

*Behörde für Standards in der Bildung, Kinderdienst und Qualifikationen.

Natürlich wollen wir, dass Unterrichten von Kreationismus als gültige Wissenschaft verbannt wird und dass der Unterricht in Evolution eine verpflichtende Unterrichtseinheit wird. Aber das soll nicht bedeuten, dass Kreationismus nicht im Religionsunterricht behandelt werden soll als etwas, an das viele Leute glauben.

Aber das alles sollte idealerweise nicht in einem zu jungen Alter passieren, in dem Kinder den Unterschied zwischen dem Lernen einer Tatsache und einer Meinung noch nicht verstehen – etwas, das ein häufiges Problem insbesondere in Grundschulen ist.

In den Finanzierungsvereinbarungen von freien Schulen gibt es nun Regelungen, die von ihnen verlangen, Evolution zu unterrichten und das Unterrichten von Pseudowissenschaft aus ihrem Lehrplan zu streichen. Dies ist nicht optimal, da die Schulbehörden berichten, dass damit nicht der gemeinsame Gottesdienstbesuch abgedeckt wird – wo vielleicht das Problem am ehesten entsteht.

Öffentliche Schulen müssen nach dem staatlichen Lehrplan unterrichten, einschließlich eines Moduls über Evolution ab dem 6. Schuljahr. Bald also für die Abiturprüfungen ... Allerdings gibt es nichts, was das Unterrichten von Pseudowissenschaft unterbindet, nur allgemeine Regierungsaussagen, dass dies nicht passieren soll.

Aber ein sicherlich legaler erster Schritt könnte sein, die freien Schulen, die ja auch öffentliche Gelder bekommen, stärker in ihrer Tätigkeit zu kontrollieren und ihnen nicht etwa einen Freifahrtschein auszustellen.

In Deutschland gibt es einige besonders engagierte Netzwerke und anfällige private Schulen, die Kreationismus, in der einen oder anderen Form, immer noch erfolgreich verbreiten:

- STUDIENGEMEINSCHAFT WORT UND WISSEN
- BIBELMUSEUM WUPPERTAL
- VERBAND EVANGELISCHER BEKENNTNISSCHULEN
- DAS INTERNETPORTAL: GENESIS.NET, DAS SCHWEIZER MAGAZIN „FACTUM" ...
- UND EINIGE MEHR

Nach wie vor meinen nur 27 % der Befragten in Deutschland, dass man in der Schule ausschließlich Evolution lehren sollte, 65 % wollen andere Sichtweisen (teils die Bibel) dazu unterrichtet haben.
Außerdem werden viele (die meisten?) muslimischen und jüdischen privaten (Grund-) Schulen kreationistisch sein. Und wir haben auch Bedenken bezüglich der Waldorfschulen.

Die Waldorfschulen z.B. haben einen in großen Teilen eigenen Ausbildungsgang und Unterrichtsablauf, der eigentlich nur formaljuristisch allgemein und stichprobenmäßig überprüft wird.

DAGEGEN WIRD EVOLUTION IN KEINEM EINZIGEN GRUNDSCHUL-LEHRPLAN (BIS KLASSE 6) BERÜCKSICHTIGT, ANGEBLICH WEIL ZU SCHWER FÜR DIE KINDER.

Manch ein religiöser Mensch wird jetzt natürlich einwenden, dass es genügend **Wissenschaftler** gibt, **die religiös sind**, also gar kein Widerspruch da sein muss.

Eine Studie der Rice University (USA), basierend auf einer Umfrage von 10.000 Erwachsenen, fand Folgendes heraus:

- FAST 36 % DER WISSENSCHAFTLER HABEN KEINEN ZWEIFEL AN DER EXISTENZ GOTTES
- 18 % DER WISSENSCHAFTLER BESUCHTEN WÖCHENTLICH DEN GOTTESDIENST (IM VERGLEICH ZU 20 % DER ALLGEMEINEN BEVÖLKERUNG DER VEREINIGTEN STAATEN)
- 15 % DER WISSENSCHAFTLER HALTEN SICH FÜR SEHR RELIGIÖS (IM VERGLEICH ZU 19 % ALLGEMEIN)

Allerdings sind diese Zahlen immer noch kleiner, im Vergleich zu dem wesentlich höheren Anteil der Gesamtbevölkerung, der an Gott glaubt.

Unser Einwand darauf ist:
Ja, einfach nur religiös zu sein bedeutet nicht unbedingt, sich aktiv gegen wissenschaftliche Arbeitsweisen und anerkannte Grundlagen zu positionieren.

Aber es bedeutet natürlich, einen Glauben zu haben, der nicht von Beweisen gestützt ist (ein „Vertrauensvorschuss"). Und für die meisten (keineswegs alle) passt das nicht zu einer wissenschaftlichen Weltanschauung.

Generell bedeutet eine wissenschaftliche Denkweise, skeptisch gegenüber Behauptungen zu sein, gute Beweise zu fordern und Behauptungen abzulehnen, für die es keine verfügbaren Beweise gibt.

Ein Kreationist zu sein, an Homöopathie zu glauben usw. heißt, auf diese Bereiche reinzufallen.

Hier ist ein nicht ganz ernst gemeintes Projekt, das allerdings einen ernsthaften Hintergrund hat:

Projekt Steve ist eine Gruppe von Wissenschaftlern, die alle Steve oder ähnlich (Stephanie, Stefan, Esteban, etc.) heißen, die alle die „Evolution unterstützen". „Steve" wurde kreiert vom National Center for Science Education als eine Parodie auf die Liste der Wissenschaftler, die die „Evolution bezweifeln", wie die des Discovery Institutes ...

EIN WISSENSCHAFTLICHER DISSENS ZUM DARWINISMUS

„WIR ZWEIFELN AN DEN AUSSAGEN ÜBER DIE FÄHIGKEIT VON ZUFÄLLIGER MUTATION UND NATÜRLICHER SELEKTION ALS URSACHE FÜR DIE KOMPLEXITÄT VON LEBEN. EINE GRÜNDLICHE ÜBERPRÜFUNG DER BEWEISE DER DARWINISTISCHEN THEORIE SOLLTE GEFÖRDERT WERDEN."

Die Mannschaft des Projekt Steve macht sich über dieses Unternehmen lustig, um klarzumachen:

Stattdessen erklärt das Projekt Steve, dem jetzt mehr als 1200 Wissenschaftler angehören:

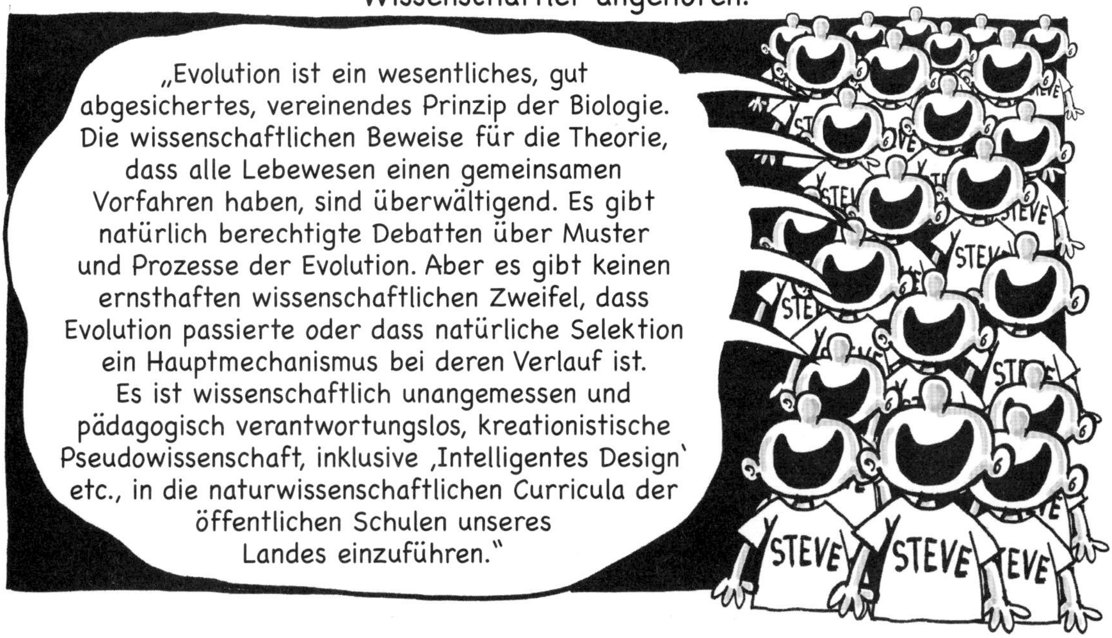

Manche religiösen Gruppierungen verweisen auch auf einen Punkt, der für sie gegen Evolution spricht: Wir würden in einem Universum leben, das **perfekt für Leben** eingerichtet ist.

Wissenschaftler nehmen an, dass selbst die kleinste Veränderung irgendeines der vielen Elemente unser Überleben in dieser Welt unmöglich machen würde. Also hat Gott sie mit Absicht genau so erschaffen – eine maßgeschneiderte Welt, nur für uns!

Nichtreligiösen Menschen fiel dazu ein, dass das Gegenteil ein besserer Beweis Gottes wäre – wenn wir in einem Universum lebten, das lebensfeindlich wäre ...

... und dann greift Gott ein, um uns zu ermöglichen, in solch einer ungastlichen Umgebung zu überleben.

Roy Speckhardt, American Humanist Association, meint dazu:

Es ist zwar höchst unwahrscheinlich, dass eine Welt wie die unsere Leben ermöglicht. Aber angesichts von 300 Milliarden Sternen in unserer Galaxie wird es wahrscheinlicher, dass wenigstens eine Welt wie unsere existiert.

Und wenn man an die mindestens 50 Milliarden Galaxien im Universum denkt, jede mit hundert Milliarden Sonnensystemen und noch mehr Planeten ... dann existieren sicherlich auf mindestens einem Planeten diese unwahrscheinlichen Bedingungen ... Bei dieser enormen Stichprobengröße braucht man keinen Gott als Erklärung.

Solche rationalen Erklärungen kann man nur unterstützen. Dagegen dienen die irrationalen Glaubenssysteme, die Religionen oftmals fördern, dem rationalen Denken nicht. Stephen Law umreißt sechs Mechanismen, wie solche Systeme in Mainstream-Religionen wie auch im esoterischen Umfeld bekannt gemacht und verbreitet werden.

1. DIE GEHEIMNIS-KARTE AUSSPIELEN
2. „ABER ES PASST!" UND DIE DONNERBÜCHSE MIT MIST
3. VERSETZEN DER SEMANTISCHEN TORPFOSTEN
4. NUKLEARER ERSTSCHLAG
5. „ICH WEIß ES EINFACH!"
6. PSEUDO-TIEFSINNIGKEIT
7. DIE ERSTAUNLICH ÜBERZEUGENDE MACHT VON ANEKDOTENSAMMLUNGEN
8. DEINE KNÖPFE DRÜCKEN

STEPHENLAW.BLOGSPOT.COM

DIE GEHEIMNIS-KARTE AUSSPIELEN

Jetzt lasst uns ein paar der acht Mechanismen von Stephen anschauen, durch die Glaubenssysteme verbreitet werden:

Dieses **„Die-Geheimnis-Karte-Spielen"** bedeutet, Überzeugungen zu immunisieren gegen ungerechtfertigte Anfechtungen des **Mysteriums**. Für Gläubige lautet die beliebteste Version dieser Strategie:

Ah, die unterstellte Arroganz der Wissenschaft! Wissenschaftler formulieren Theorien als Hypothesen, testen sie und ändern ihre Ansichten immer dann, wenn ihre Theorien widerlegt werden. Dennoch wird der Wissenschaftsgemeinde oftmals Arroganz unterstellt.

Ist es denn weniger überheblich, wenn religiöse Anführer behaupten, dass sie Antworten mit Sicherheit kennen, und darauf bestehen, dass nichts ihre Meinung jemals ändern wird?

WAS WIRKT AUF DICH ARROGANTER?

Aber zurück zur Meinung, dass die Wissenschaft nicht alles erklären kann.
– Ja, einverstanden. Aber was soll's?

ABER WEIL ES WAHRSCHEINLICH FRAGEN GIBT, DIE VON DER WISSENSCHAFT NICHT BEANTWORTET WERDEN KÖNNEN, FOLGT DARAUS LANGE NICHT, DASS WISSENSCHAFT (UND VERNUNFT) OHNE JEDEN (BEGRÜNDETEN) ZWEIFEL BEHAUPTEN KANN, DASS BESTIMMTE ÜBERNATÜRLICHE PHÄNOMENE EXISTIEREN ODER NICHT EXISTIEREN.
WISSENSCHAFT KANN NÄMLICH ZIEMLICH OFT DIE BETEILIGUNG EINER ÜBERNATÜRLICHEN URSACHE AUSSCHLIEßEN. OBWOHL MANCHE DIESER BEHAUPTUNGEN NICHTBEOBACHTBARES ZUM GEGENSTAND HABEN, ...
... SO GIBT ES DOCH BEOBACHTBARE FOLGEERSCHEINUNGEN.
IN DIESER HINSICHT UNTERSCHEIDEN SIE SICH NICHT VON HYPOTHESEN ÜBER ANDERE „VERSTECKTE“ PHÄNOMENE WIE KLEINE, NICHT DIREKT BEOBACHTBARE PARTIKEL ...
ES BRINGT NICHTS - ELEKTRONEN SIND EINFACH ZU KLEIN, UM SIE ZU BEOBACHTEN.
ELEKTRONEN MÖGEN NICHT BEOBACHTBAR SEIN, ABER WIR KÖNNEN IHRE REAKTIONEN VORAUSSAGEN UND DANN DANACH SUCHEN.
BLASEN-KAMMER
KAMERA-FLÜSSIGKEIT
PARTIKEL
MAGNETSPULEN
KOLBEN
MAGNETISCHES FELD
ODER DIE FERNE VERGANGENHEIT DIESES PLANETEN

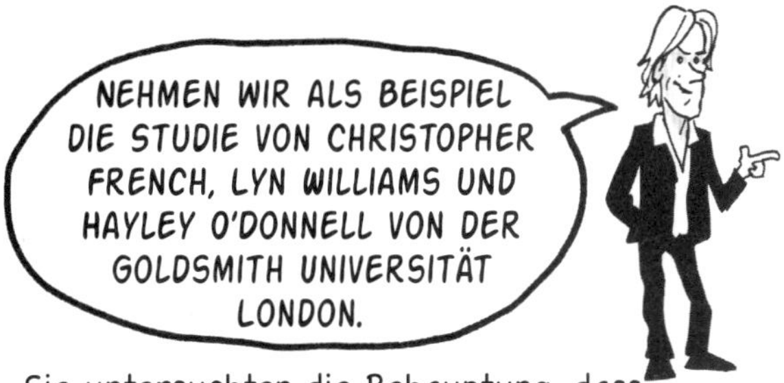

Sie untersuchten die Behauptung, dass Kristalle ungewöhnliche Kräfte haben, die man spüren kann, wenn man sie in der Hand hält. Die Studie verglich die Reaktionen einer Gruppe von Freiwilligen, die meditieren sollten, während sie die „echten" Kristalle aus einem New-Age-Laden in der Hand haben, mit einer Kontrollgruppe, in der „falsche" Kristalle verteilt wurden.

Diejenigen, welche die echten Kristalle bekommen hatten, berichteten von einer höheren Konzentrationsfähigkeit, einem erhöhten Energielevel und besserem spirituellen Wohlbefinden.

Allerdings wurden die gleichen Empfindungen auch von denen berichtet, die die falschen Kristalle hatten!

Bei den berichteten Wirkungen war kein Unterschied zwischen beiden Gruppen aufzufinden. Das macht deutlich, dass die Kraft der Kristalle eher in der eigenen Einbildung steckt als im Kristall selber.

Falls du an die wundersame Kraft von Kristallen geglaubt hast, die Versuchsergebnisse dir jedoch etwas anderes aufzeigen, wie würdest du dann reagieren? Vielleicht auch in etwa so:

WAS IST MIT DER ANDEUTUNG, DASS ES MEHR GIBT „AUßERHALB UNSERER WAHRNEHMUNG", FÜR DESSEN ENTDECKUNG DIE WISSENSCHAFTLICHEN METHODEN UNGEEIGNET SIND (ZU „BESCHRÄNKT")?
WISSEN
FOLGERN
DER HINTERGEDANKE DABEI IST WOHL, DASS WIR, UM MEHR ÜBER DIESE UNENTDECKTE SPHÄRE HERAUSZUFINDEN, UNS ANDEREN WEGEN DES WISSENS ÖFFNEN MÜSSEN.
ABER WAS SIND ANDERE WEGE DES WISSENS?
NERVT MICH NICHT MIT FAKTEN, LEUTE - ICH SPÜRE ES!
BUSH
OFTMALS IST ES WOHL LEDIGLICH EINE KOMBINATION AUS SOLCH EINEM BAUCHGEFÜHL UND INTUITION ZU SEIN ... DAZU EIN STARKES VERTRAUEN IN VIELE ANEKDOTEN ÜBER DIE WIRKUNGEN ÜBERNATÜRLICHER PHÄNOMENE.

Es ist unlogisch zu denken, die wissenschaftliche Methode sei nicht geeignet, um die angeblichen Kräfte von übernatürlichen Phänomenen zu untersuchen.

Tatsächlich sind einige der aufgestellten Behauptungen über solche übernatürlichen Phänomene wissenschaftlich untersuchbar, weil sie, wie erwähnt, beobachtbare, empirisch überprüfbare Konsequenzen haben. Wissenschaft hat gute Beweise dafür geliefert, dass viele dieser Behauptungen falsch sind.

Wahrscheinlich gibt es manche Dinge, die jenseits der Urteilsfähigkeit der Wissenschaft oder der Vernunft überhaupt liegen. Aber das heißt nicht, dass alle übernatürlichen Behauptungen dazugehören. Viele wurden untersucht und als falsch entlarvt.

Jetzt ein anderer von Stephen Laws Mechanismen: **„ABER ES PASST!"**

Hier lässt man sich verschiedene, oft sehr ausgeklügelte Methoden einfallen, damit am Ende Beweise und eigene Theorie zusammenpassen – egal was es an Anhaltspunkten gibt, dass sie es nicht tun. Also so etwas wie vorher mit Dave und seinen außerirdischen Hunden.

Hier ist Stephen, um uns mehr zu erzählen:

Der entscheidende Punkt ist, dass jede Theorie, egal wie absurd sie ist, in Widerspruchsfreiheit mit den Beweisen gebracht werden kann, man kann sie passend machen. Aber gerade das macht Wissenschaft nicht, oder sie verlangt es nicht. Wissenschaft benötigt bestimmte Bedingungen, um eine Theorie mit starken Beweisen zu bestätigen. Zunächst muss die Theorie Vorhersagen machen können, die wie folgt aussehen:

Etwas genauer: Aus einer Theorie sollten wir Voraussagen über Dinge ableiten können, die wir beobachten können.

Zum Beispiel die Voraussage: „Alle Raben sind schwarz." Wir können vorhersagen, dass der nächste vorbeifliegende Rabe schwarz sein wird, und wir können das beobachten.

Da eine Aussage über etwas Beobachtbares gemacht wird, kann die Theorie auch überprüft werden. Wir können checken, ob die **Prognosen** aus dieser Theorie wahr sind.

Außerdem ist es wichtig anzumerken, dass alles auch eine Frage der Größenordnung ist – Theorien werden von Beweisen unterschiedlicher Gewichtung gestützt, stärkeren und schwächeren. Nur ein schwarzer vorbeifliegender Rabe gibt uns ein wenig Bestätigung für unsere Prognose „alle Raben sind schwarz" – aber nicht allzu viel. Wir brauchen mehr als das für einen starken Beleg.

Es ist in der Regel nicht so, wie Zeitungen es oft darstellen, dass etwas definitiv bewiesen ist – endgültig..., – das war es..., – gelöst für immer...

Eine Theorie kann dann überzeugend bestätigt werden, wenn wir daraus Vorhersagen ableiten können, die klar und präzise sind. Falls unsere Vorhersagen sehr vage sind, wie „es wird bald regnen", ohne eine Definition, was „bald" bedeutet ... und sich dann die Prognose als falsch herausstellt, wird es ziemlich einfach sein, sich rauszureden: „Heute meinte ich doch gar nicht!"

Und die Prognose muss auch überraschend sein. Zu einfach ist es, etwas vorauszusagen, das wahrscheinlich sowieso passiert, unabhängig davon, ob deine Theorie richtig ist und sie auch nicht wirklich durch die Voraussagen als wahr bestätigt wird.

Teil 2

Wissenschaft und Religion

Wir wollen jetzt weitermachen mit einigen grundsätzlichen Überlegungen zu Wissenschaft und Religion im Allgemeinen.

Und wir haben ein **„Atheisten-All-Stars-Team“**, um uns dabei zu helfen.

Es beteiligt sich **Christopher Hitchens** als Erster an der Debatte …

WENN ICH GEGLAUBT HÄTTE, DA GÄBE ES EINEN RETTER, DER MICH IM AUGE BEHALTEN HAT, GELIEBT HAT UND DAS BESTE FÜR MICH WOLLTE ...
WENN ICH DAS GEGLAUBT HÄTTE UND DEN ZUGANG ZUR GNADE, HOFFNUNG UND HERRLICHKEIT BESESSEN HÄTTE ... NA JA, DANN, ICH WEIß NICHT, ABER ICH WÄRE WOHL GLÜCKLICH GEWESEN.
SIE SAGEN, DAS IST DER WEG ZUM GLÜCK - ALSO, WARUM MACHT ES SIE NICHT GLÜCKLICH?
ALSO SOLLTEN SIE GLÜCKLICH SEIN.
ABER SIE SIND NICHT GLÜCKLICH, BIS DU ES AUCH GLAUBST!
WARUM? WEIL DAS IN IHREN HEILIGEN BÜCHERN STEHT.

So, hier haben wir einen Kerngedanken, wie üblich wortgewaltig und ironisch formuliert von Hitchens.

Gläubige Menschen, ob Christen, Juden, Muslime oder andere, wirken irgendwie nicht wirklich glücklich angesichts der großartigen Lage, in der sie nach ihrem Glauben sind. Dies ist ein psychologisches Grundelement, das eine Menge enthüllt.

STATTDESSEN SCHEINEN SIE DIE MEISTE ZEIT VERUNSICHERT ZU SEIN…

SICH ZU BEKLAGEN

ODER SICH ZU ÄRGERN.

ZIEMLICH OFT SIND SIE SOGAR GEWALTTÄTIG!

Zentrale Texte verschiedener Religionen verkünden, dass wer nicht an diese Form der Religion glaubt, vorsichtig ausgedrückt, weniger als erwünscht sei und ihm Gewalt angetan werden sollte:

Und wir müssen nicht lange nach Beispielen suchen, manchmal sogar extremen, für religiöse Gesetze, die so strikt durchgesetzt werden, dass die Konsequenzen schrecklich sind, ja sogar entsetzlich. Und wieso richten sich so viele davon gegen Frauen?

Religionspolizei hinderte die Mädchen gewaltsam daran zu fliehen, da sie „unangemessen gekleidet" waren – wenn sie ihre Abayas (schwarze Übergewänder) nicht trugen, die das Königreich als verpflichtend ansieht, basierend auf seiner Interpretation des Islam.

Die gefürchtete Religionspolizei, bekannt als **Mutaween** oder offiziell als „Kommission für die Förderung von Tugend und Verhinderung von Laster", hielt sogar Männer auf, die versuchten, den Mädchen zu helfen.

Als Folge gab es 15 tote und 50 verletzte Mädchen. Alles nur, weil sie laut Religion „unangemessen" gekleidet gewesen seien.

Manche ultraorthodoxe Juden in Israel setzen ihren Kleidungs- und Verhaltenskodex auf aggressive Weise durch, indem sie Leute belästigen und bestrafen, die sich entschieden haben, ihr Leben auf eine Art zu leben, welche von den Religiösen als nicht akzeptierbar angesehen wird.

ZUM BEISPIEL HABEN IN DER RADIKAL RELIGIÖSEN STADT BET SCHEMESCH IM BEZIRK JERUSALEM ULTRAORTHODOXE JUDEN MEHRERE BUSSE ANGEGRIFFEN WEGEN EINES STREITS DARÜBER, DASS FRAUEN NICHT AUF IHREM „RICHTIGEN PLATZ" SITZEN - NÄMLICH **HINTEN**!

ES GIBT BESONDERE „MEHADRIN BUSLINIEN" FÜR DIE ORTHODOXEN JUDEN, IN WELCHEN MÄNNER UND FRAUEN GETRENNT SITZEN, AUF „FREIWILLIGER BASIS".

ABER MANCHE SIND NICHT BEGEISTERT VON DIESER ART DER FREIWILLIGKEIT.

UND ÄHNLICH WIE DIE ORTHODOXE MUSLIMISCHE „POLIZEI" DIE LEUTE AUF DEN STRAßEN VON SAUDI-ARABIEN BELÄSTIGT, DURCHSTREIFEN ORTHODOXE JUDEN DIE STRAßEN MANCHER ISRAELISCHEN STÄDTE, UM DEN SABBAT ZU „ÜBERWACHEN".
ODER DIE KLEIDERORDNUNG, INSBESONDERE WIE FRAUEN SICH ANGEZOGEN HABEN.
UND WENN RELIGIÖSE REGELN ZU SOLCH EINER **INTOLERANZ** GEGENÜBER PERSONEN DEINER EIGENEN GRUPPE FÜHREN, IST ES KEIN WUNDER, DASS SIE OFTMALS OFFENE FEINDSELIGKEIT GEGEN ANDERE BESTÄRKEN.
DAS KANN ZU EINER SITUATION FÜHREN, IN DER RELIGION MENSCHEN ZU EXTREM GRAUSAMEN TATEN TREIBT.
GAS THE ARABS
JDL
JDL = JEWISH DEFENCE LEAGUE

Es gibt natürlich viele moderate Religiöse, die sagen, dass man die alten Texte nicht wortwörtlich nehmen oder sklavisch befolgen sollte, ohne ihre Aussage auf die moderne Welt zu übertragen. Moderate Muslime sagen, dass Zitate aus dem Koran in ihrem historischen Kontext betrachtet werden müssen, weil sie sonst missverstanden werden.

Dazu **Roy Speckhardt** von der American Humanist Association:

Damit hängt die Frage zusammen: Wenn diese Gemäßigten ihre Religion an die moderne Welt anpassen, dann nach welchem Maßstab? Welche anderen Modelle nutzen sie für die Neubewertung alter Praktiken, die bis dahin in Ordnung schienen?

Was also ist Humanismus? Hierzu ein paar interessante Stimmen:

Albert Einstein – Wissenschaftler, Nobelpreisgewinner der Physik, Erfinder der Relativitätstheorie ...

Albert Schweitzer, als er 1951 den Friedenspreis des deutschen Buchhandels entgegennahm.

Isaac Asimov – Wissenschaftler, Autor.

Gloria Steinem
– Gründerin des feministischen MS. Magazine, Humanistische Pionierin.

WWW.HUMANISMUS.DE/SELBSTVERSTAENDNIS

Der Schriftsteller **Kurt Vonnegut**, der viele Jahre lang als ehrenamtlicher Präsident der amerikanischen Humanisten amtierte, formulierte es sehr prägnant:

AMERICAN HUMANIST ASSOCIATION
GOOD WITHOUT A GOD

Humanismus ist eine Weltanschauung, die besagt, dass Vernunft und Wissenschaft die besten Wege sind, um die Welt um uns herum zu verstehen. Menschenwürde und Mitgefühl sollten die Basis für dein Verhalten anderen gegenüber sein.

Humanismus ist nicht theistisch. Damit wollen wir nicht sagen, dass es keinen Gott gibt. Wir meinen allerdings, dass es keine Beweise für die Existenz von Gott, irgendwelchen Göttern, des Übernatürlichen oder eines Lebens nach dem Tod gibt ... Unser seriöser Leitsatz ist deswegen: „Uns rettet kein göttliches Wesen, wir müssen uns selber retten." Wir leben das einzige Leben, das wir haben werden, in der einzigen Welt, die wir kennen. Die Verantwortung für die Entscheidungen, die wir treffen, gehört uns und uns alleine.

Und jetzt wieder Hitchens: Was ist ein vernünftiger Existenzstatus für Religionen in einer Gesellschaft, der Frieden zwischen den Religiösen und den Humanisten garantiert?

Hier ein anderer Kritikpunkt an religionskritischen Wissenschaftlern oder Atheisten:

Richard Dawkins, einer der Frontleute des Humanismus, meint, dass das Universum uns keine Hoffnung schuldet! Es könnte doch sein, dass das Universum ein völlig hoffnungsloser Ort ist. In diesem Fall wäre es unlogisch zu sagen, dass dies einen Beweis für den Glauben an Gott liefert.

ES GIBT GENÜGEND GRÜNDE FÜR HOFFNUNG IN EINER GOTTLOSEN WELT. *DIE WELT IST EIN WUNDERBARER ORT!*
MAN KANN SIE KLAR UND MIT STAUNENDEN AUGEN ERFASSEN. MAN KANN DIE WELT BETRACHTEN UND VERSUCHEN, WIRKLICH ZU VERSTEHEN, WIESO WIR EXISTIEREN …
DAS IST EIN ENORM ERHEBENDES GEFÜHL.
DAS GIBT DEM LEBEN WIRKLICH EINEN **WERT!**

Wir sollten bloß nicht so faul sein, so defätistisch und feige, dass wir sagen:

Stattdessen sollten wir besser sagen:

Und bis wir die korrekte Antwort auf das Geheimnis gefunden haben, darf man auch einfach sagen:

Wunder, Magie und Mythen können lustig sein. Jeder mag eine gute Geschichte. Solange man sie nicht mit der Wahrheit durcheinanderbringt.

Die echte Wahrheit hat eine eigene Magie! Die Wahrheit hat sogar mehr Magie, in der besten und spannendsten Bedeutung dieses Wortes, als jeglicher Mythos oder alle fingierten Geheimnisse und Wunder.

Wissenschaft hat ihre eigene Magie – die Magie der Realität!

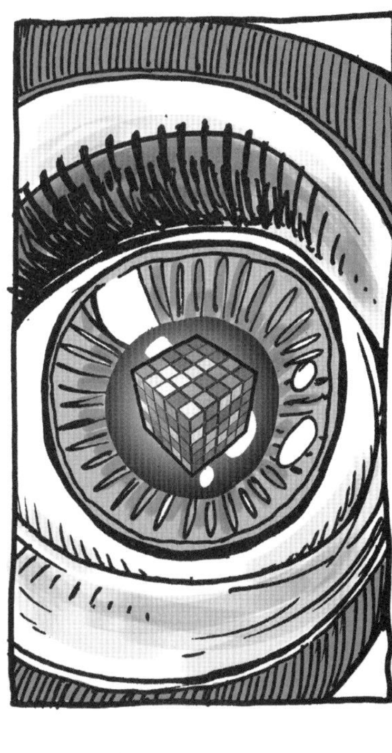

Noch ein paar Worte zum Atheismus
hier **Sam Harris**:

Atheismus ist nicht mehr als das Stöhnen, das vernünftige Menschen angesichts ungerechtfertigter religiöser Glaubenssätze von sich geben.

Aber manchmal wird man gefragt: „Wie können wir Dinge wie Musik und die Schönheit von Kirchen wertschätzen, ohne an Gott zu glauben? Oder wie können wir Liebe empfinden, wenn wir Gott nicht lieben?"

Nun, das ist ziemlich einfach. Verschiedenste bedeutende Werke mögen von Gott inspiriert worden sein, wie die Sixtinische Kapelle ...

... oder das Gedicht (1808) von William Blake und der Lobgesang (1916) „Jerusalem" von Sir Hubert Parry ...

DIES IST EIN IRONISCHES BEISPIEL, DAS EHER UNSEREN STANDPUNKT BELEGT - AUCH WENN PARRYS LOBGESANG ALS NATIONALISTISCHE HYMNE GESUNGEN WIRD, HANDELT BLAKES ORIGINALGEDICHT NICHT VON GOTT, SONDERN VON DER REVOLUTION.

... oder der Markusdom in Venedig.

Alle diese und weitere wunderbare Kunstwerke mögen vom Glauben an Gott inspiriert worden sein (oder richtiger: viele davon wurden als Auftragsarbeiten für religiöse Obrigkeiten erstellt).

Aber Gottesglaube ist nicht nötig, um sich an der Schönheit zu erfreuen, die diese Kunstwerke aus sich selbst heraus zu bieten haben. Millionen Menschen besuchen die wunderschönen Kirchen, wie den Markusdom in Venedig, und viele davon sind sicher keine Christen oder glauben gar nicht an einen Gott.

Behaupten die Religiösen etwa, dass nur praktizierende Christen wirklich die Schönheit solcher Gebäude sehen können?

Nur sie können wirklich die Vielschichtigkeit der sorgfältig gestalteten Details begreifen?

Nur wahre Gläubige können das Gefühl von Erhabenheit spüren, während sie unter diesen Gewölben stehen?

Wirklich??

Oder dass nur die Religiösen es spüren, wie ihre Lungen und ihre Kehlen vor Freude bald platzen, wenn sie eine mitreißende Hymne schmettern?

Christopher Hitchens hat ja gesagt, dass religiöse Leute offenbar durch ihren Glauben nicht glücklich werden. Aber da gibt es eine andere Gruppe, die glücklich scheinen bei dem, was sie denken und machen:

PHYSIKER!

HAST DU JEMALS EINEN HAUFEN VON AUFGEREGTEREN GROßEN KINDERN GESEHEN?

WENN SIE ÜBER DIE JÜNGSTE ENTWICKLUNG IN DER ASTROPHYSIK ODER SUBATOMARE TEILCHEN ODER WAS AUCH IMMER REDEN ... SEHEN SIE AUS WIE KINDER MIT EINEM NEUEN SPIELZEUG!

DIESE FREUDE UND DIESER ENTHUSIASMUS, DEN DU IN IHREN GESICHTERN SEHEN KANNST, SIND ECHT UND MITREIßEND. DAS IST NUR EIN BEISPIEL FÜR DIE MAGIE VON WISSENSCHAFT.

Eine Vorstellung, die allgemein von religiösen Personen vertreten wird, sieht in Gott eine Form des Trostes, der Geborgenheit in dieser schwierigen Welt bietet.

Dies ist die Idee eines liebenden Gottes. Jemand, der uns bedingungslos liebt.

Dies mag gut klingen. Es mag uns ein besseres Gefühl geben. Und manch ein Agnostiker wünschte sich auch, dass es wahr wäre.

Für die, die nicht dieser Meinung sind, ist es ein aktivierender und orientierender Gedanke, dass es womöglich gar keinen Gott gibt. Denn wenn es einen gäbe, würde alles ein totalitäres Sklavensystem sein!

Wir würden dann Sklaven einer unanfechtbaren Autorität sein, deren Herrschaft über uns auch nach unserem Tod bestehen bliebe. Wenn es einen liebenden oder so etwas wie Gott gibt, fragen sie, warum sollte er darauf bestehen, auf ewig und blind verehrt zu werden?

Der Philosoph Ac Grayling erzählt uns, wie Humanisten und Atheisten denken:

Oft wird die Frage gestellt: „Wenn du keinen Gott hast, wo bekommst du dann deine Moralvorstellungen her?"

Nach der biblischen Erzählung stieg Moses auf den Berg Sinai und empfing nach 40 Tagen und Nächten die Zehn Gebote.

Bedeutet das etwa, dass die Juden, bevor sie zum Berg Sinai kamen, dachten, dass Ehebruch, Mord, Raub etc. okay sind?

Dann, zu ihrer Überraschung, erfahren sie am Berg Sinai, dass ihr Verhalten doch nicht so toll ist!

Die Schlussfolgerung der Geschichte scheint zu sein, dass wir keinen moralischen Kompass hätten, wenn wir nicht unter dem strengen Diktat der himmlischen Autorität stehen würden! Wie lässt sich das mit den Idealen von Freiheit, dem Wert des Individuums oder mit der Demokratie vereinbaren?

Was für eine Beleidigung unserer Würde und Intelligenz als Menschen! Nein, wenn wir Menschen wirklich gedacht haben, dass alle diese Dinge okay sind, hätten wir es niemals erst bis zum Berg Sinai gebracht – wir hätten uns schon lange vorher gegenseitig umgebracht!

Menschlicher Anstand leitet sich nicht aus der Religion ab – er geht ihr voraus. Moralisches Verhalten ist wohl angeboren, und Solidarität liegt in unserem eigenen Interesse, gesellschaftlich wie individuell.

Fragen von Moralvorstellungen und Ethik sind Hitchens allemal eine Provokation wert:

„RELIGION IST EINE BELEIDIGUNG DER MENSCHENWÜRDE, OHNE SIE HÄTTEST DU GUTE LEUTE, DIE GUTES TUN, UND BÖSE LEUTE, DIE BÖSES TUN. DAMIT ABER GUTE LEUTE BÖSES TUN, BEDARF ES DER RELIGION." - ***STEVEN WEINBERG*** *(PHYSIKER).*

Und weiter mit Hitchens. Ihn stört das Bild von Gott als „himmlischem Diktator“:

ICH HABE KEINE LUST, DAUERHAFT UNTER EINER UNVERÄNDERLICHEN DIKTATUR ZU LEBEN, BEI DEREN AUSWAHL ICH NICHTS ZU MELDEN HABE!

ICH WILL NICHT, DASS ES WAHR IST, DASS ICH WEGEN EINES MEINUNGSDELIKTES ANGEKLAGT WERDEN KÖNNTE, DAS IN MEINEM KOPF ABLIEF, ALS ICH SCHLIEF!

GESCHWEIGE DENN WEGEN ETWAS, AN DAS ICH DENKE, WENN ICH WACH BIN!

UND WIE DAS IN ETWA AUSSEHEN KÖNNTE, HABE ICH WÄHREND EINES BESUCHES VON NORDKOREA ERFAHREN.

DORT IST ES PFLICHT UND AUFGABE JEDER PERSON, EINE EWIGKEIT DAMIT ZU VERBRINGEN, DEN HEILIGEN FÜHRER UND SEINEN GÖTTLICHEN VATER ZU EHREN.

WIE STEHT ES MIT GOTTES VERTRETERN AUF DER ERDE? UM UNVERBLÜMT ANDERS ZU FRAGEN: WIE IST ES, SEINEN UNTERHALT MIT DEM ANLÜGEN VON KINDERN ZU VERDIENEN?
IHNEN ZUM BEISPIEL ZU SAGEN, DASS ES EINEN GOTT GIBT, DEN SIE LIEBEN MÜSSEN ...
ERZWUNGENE LIEBE!
WAS FÜR EINE SCHRECKLICHE VORSTELLUNG ...
... UND GLEICHZEITIG MÜSSEN SIE DIESEN GOTT FÜRCHTEN.
KABOOOOM!
WIE WAHRSCHEINLICH IST ES, DASS SICH IN DIESER KOMBINATION EINE AUSGEWOGENE PERSÖNLICHKEIT ENTWICKELT?

Richard Dawkins Brief an seine Tochter ist ein bewegender Versuch, für ein gesundes Gleichgewicht zu sorgen:

Danach erklärt Dawkins drei schlechte Begründungen für den Glauben an irgendetwas: **Tradition**, **Autorität** und **Offenbarung**.

AUTORITÄT ALS BEWEGGRUND FÜR GLAUBEN BEDEUTET, ETWAS ZU GLAUBEN, WEIL DIR VON EINER BEDEUTENDEN PERSON GESAGT WURDE, DASS DU DAS GLAUBEN SOLLST. IN DER KATHOLISCHEN KIRCHE IST DER PAPST DIE HOCHGESTELLTE PERSON, UND DIE LEUTE GLAUBEN, DASS ER RECHT HABEN MUSS, NUR WEIL ER DER PAPST IST.

BEI DEN SCHIITISCHEN MUSLIMEN SIND DIE WICHTIGEN LEUTE ALTE MÄNNER MIT BÄRTEN, GENANNT AYATOLLAHS. MANCHE MUSLIME WÜRDEN SOGAR MORDEN, NUR WEIL EIN AYATOLLAH AUS WEITER FERNE DAS ALS IHRE AUFGABE DEFINIERT HAT.

DER DRITTE SCHLECHTE GRUND, AN ETWAS ZU GLAUBEN, NENNT SICH **„OFFENBARUNG“** … WENN RELIGIÖSE PERSONEN NUR SO EIN GEFÜHL HABEN, DASS ETWAS WAHR SEIN MUSS, AUCH WENN ES KEINE BEWEISE DAFÜR GIBT, DASS ES WAHR SEIN KÖNNTE, DANN NENNEN SIE IHR GEFÜHL „GÖTTLICHE OFFENBARUNG“. UND DIE IST EINER IHRER HAUPTBEWEGGRÜNDE, ALLES DAS ZU GLAUBEN, WAS SIE GLAUBEN.

WENN DIR ALSO DEMNÄCHST JEMAND ETWAS ERZÄHLT, DAS WICHTIG KLINGT, ÜBERLEGE:
GEHÖRT DAS ZU DEN DINGEN, DEREN KENNTNIS WAHRSCHEINLICH AUF KLAREN NACHWEISEN BERUHT?
ODER GEHÖRT ES ZU DEN DINGEN, DIE AUF DEM GLAUBEN AN TRADITION, AUTORITÄT ODER OFFENBARUNG BERUHT?
WENN DIR DAS NÄCHSTE MAL JEMAND ETWAS 100-PROZENTIG WAHRES ERZÄHLT, FRAG DOCH EINFACH:
"WELCHE BEWEISE GIBT ES DAFÜR?"
UND WENN SIE DIR KEINE GUTE ANTWORT GEBEN KÖNNEN, HOFFE ICH, DASS DU DIR SEHR GUT ÜBERLEGEN WIRST, OB DU EIN WORT VON DEM GLAUBST, WAS SIE DIR ERZÄHLEN.
DEIN DICH LIEBENDER VATER

Leider stellen viele Leute diese Fragen nicht, zu denen Dawkins seiner Tochter rät. Weiterhin verhalten sich viele Leute immer noch entsprechend Tradition, Autorität und Offenbarung. Das hat negative Auswirkungen auf uns alle, da ihre Handlungen oftmals Erziehung, Medien, Beziehungen, Gesundheit etc. beeinflussen.

Eine der negativen Folgen dieses Kniefalls vor Autorität und Offenbarung ist, dass das unsere Fähigkeiten und unser Bedürfnis nach Denken und Diskutieren mindert.
NULLIUS IN VERBA
BINDE DICH AN KEINE LEHRE
MOTTO DER ROYAL SOCIETY DER WISSENSCHAFTEN
Was gibt es schon nachzudenken oder zu diskutieren, wenn alles von einer weisen Autorität offenbart wurde?
Und ... was damit zusammenhängt: Unser Vermögen, flexibel und aufgeschlossen zu sein, schrumpft! Oftmals sperren sich eigentlich intelligente Personen gegen eine Diskussion, die ihrem Glauben bedrohlich werden könnte. Bei diesem Thema wird ihr Verstand ausgeschlossen. Sie wollen es nicht wissen.
DU PROMOVIERST IN INGENIEURWESEN, HAKIM. - WIE KANNST DU IN DER INGENIEURSWISSENSCHAFT FORSCHEN, ABER DICH VÖLLIG VOR DISKUSSIONEN UM RELIGION SPERREN?
JOHN, ICH HABE DIR GESAGT, DASS ICH DARÜBER NICHT MEHR REDEN WILL!
NUN, WARUM? WIR SIND EINFACH ZWEI ERWACHSENE, DIE ÜBER EIN INTERESSANTES THEMA REDEN - WIESO KÖNNEN WIR DAS NICHT IN RUHE MACHEN?
NEIN! ICH WILL NICHT!
Häufig sehen sie es als einen persönlichen Angriff auf ihre Person, ihr Selbstwertgefühl oder ihre Gruppierung. Also weigern sie sich total, sich zu engagieren ... Wovor haben sie Angst?

DARWIN —> FASCHISMUS

Und wie steht es mit dem oft geäußerten Vorwurf, dass Atheismus zu einer Form des unmoralischen Faschismus führt? Angeblich haben ja die Nazis mit den Ideen Darwins gearbeitet.

Hitchens argumentiert so: Wenn das Nazi-Regime atheistisch war, wie kann es dann sein, dass Hitler im ersten Kapitel von "Mein Kampf" schreibt, dass er Gottes Willen ausführt, wenn er die Juden vernichtet?

Wie passt es zusammen, dass der Führereid, den jeder in Partei, Armee und SS abzulegen hatte und der Hitler zu einem kleinen Gott machte, mit den Worten beginnt:

Wie kann es sein, dass auf der Gürtelschnalle jedes Nazi-Soldaten steht:

GOTT MIT UNS

Wie passt es, dass der erste Vertrag mit dem Vatikan abgeschlossen wurde (Reichskonkordat) – politische Unterstützung Nazideutschlands, im Austausch Privilegien für die Kirche bei Erziehung, Kirchensteuer, Miltär.*

Wie ist es möglich, dass die katholische Kirche den Geburtstag des Führers jedes Jahr feiert, bis die Demokratie dieses furchtbare, quasi-religiöse System ablöst?

*UND WIE IST ES MÖGLICH, DASS DIESER VERTRAG IM PRINZIP HEUTE NOCH GÜLTIG IST?

Und was ist mit Stalin? Der war doch auch ein Atheist, und schau dir an, was dort passierte! Aber wieder falsch! Auch er setzte Religion raffiniert ein.

Stelle dir folgende Situation vor: Du bist Stalin. Du bist Herrscher über Russland geworden, warst vorher auf einem Priesterseminar. In welcher Lage bist du?

Du findest heraus, dass in den Jahrhunderten zuvor bis 1917 Millionen von Russen erzählt wurde, dass das Staatsoberhaupt, der Zar, ein Gott ist.

Du wärest falsch im Diktatur-Business, wenn du nicht diese tief verwurzelte Leichtgläubigkeit und Unterwürfigkeit ausnutzen würdest.

Was macht Stalin also? Ketzerprozesse ... Hexenjagden ... Wunder, Erscheinungen ... Kult um einen Führer, von dem alles Heil ausgeht!

Es macht keinen Sinn, den Religiösen nachzuweisen, dass sie mit „Strohmännern" argumentieren. So kommen wir nicht weiter. Sie müssen sich mit den wirklichen Ideen der Humanisten auseinandersetzen. Dabei könnten sie sich Hitchens noch offener Kampfansage stellen:

LUCREZ

DEMOKRIT

GALILEO

SPINOZA …

RUSSELL
DARWIN
JEFFERSON
UND THOMAS PAINE
WENN WIR DIESE LEUTE AUF DEN LEHRPLAN UNSERER KINDER SETZEN, WENN WIR DEREN WISSENSCHAFTLICHEN UND RATIONALISTISCHEN HUMANISMUS ZU UNSERER LEHRE MACHEN …
… UND WENN SICH DANACH IN UNSERER GESELLSCHAFT TYRANNEI, HUNGERSNÖTE UND FOLTERPRAKTIKEN AUSBREITEN WÜRDEN … JA, DANN HÄTTEST DU WIRKLICH ETWAS, UM UNS ANZUGREIFEN!

Hier noch einfach zum Spaß einige Scherze von Hitchens:

Aber Sarkasmus beiseite! Im Folgenden* findet ihr ein paar wesentliche Grundaussagen und Forderungen, um besser zu verstehen, was die humanistische Bewegung will. Das vornehmste Ziel ist die Verwirklichung eines säkularen Staates, einer klaren Trennung von Staat und Kirche. Keiner soll wegen seines Glaubens bevorzugt werden, so steht es auch im Grundgesetz.

1. Humanismus ist ethisch. Er bekräftigt den Wert, die Würde und die Autonomie des Individuums und das Recht jedes Menschen auf größtmögliche Freiheit, die mit den Rechten Anderer kompatibel ist. Humanisten glauben, dass Moral der menschlichen Natur innewohnt. Moral benötigt keine besonderen Sanktionen als Geburtshelfer.

2. Humanismus ist rational. Wissenschaft sollte kreativ und nicht destruktiv genutzt werden. Lösungen für die Probleme der Welt liegen nicht in göttlicher Intervention, sondern im menschlichen Denken und Handeln. So ist z.B. Geburtenkontrolle ein Problem der Gesellschaft und keine Angelegenheit der Glaubensgemeinschaften.

*QUELLEN: INTERNATIONAL HUMANIST AND ETHICAL UNION: AMSTERDAM-DEKLARATION; OXFORD-DEKLARATION. DIE SEITEN 103-105 STAMMEN AUS DER DEUTSCHEN REDAKTION.

3. Mitarbeiter im medizinischen Bereich müssen Profis bei der Gesundheitsversorgung sein. Dort müssen sie einen guten Job machen, ohne die geringste Spur von religiöser Beeinflussung. Können sie das nicht, sollten sie sich einen anderen Job suchen. Beispiel: Apotheker, die sich weigern, Vergewaltigungsopfern die „Pille danach" auszuhändigen, oder Ärzte, die sie erst gar nicht verschreiben.

4. Niemand soll jemals irgendwo in einen Glauben hinein- oder aus ihm herausgezwungen werden. Meinungsfreiheit beinhaltet das Recht, unsere Ansichten auszudrücken, zu ändern oder auch einen Glauben abzulegen. Druck (auch subtiler und indirekter durch Tradition, Arbeitsgesetze etc.), sich staatlichen Ideologien oder religiösen Doktrinen zu fügen, ist Tyrannei.

5. Wenn zwei Menschen sich heiraten wollen, ist das alleine ihre Entscheidung. Religiöse Gemeinschaften mögen andere Regeln haben, solange sie in ihrer Gruppe bleiben. Die gesetzliche Ehe hat nichts mit Glaubensregeln zu tun.

6. Jeder Mensch hat das Recht, über seinen eigenen Tod zu bestimmen. Alle Entscheidungen in der Grenzsituation zwischen Leben und Tod sollen die Betroffenen frei von religiöser Einengung fällen können.

7. Keine religiöse Ausrichtung von Schulen. 2016 waren 69% der Bevölkerung der Meinung, dass der Religionsunterricht durch einen allgemeinen Werteunterricht abgelöst werden sollte. Auch die Unterstützung von Religionsunterricht und religiösen Schulen mit Steuergeldern muss abgeschafft werden.

8. Auch in Deutschland gehören weit über 30% der Bevölkerung zur Gruppe der Konfessionslosen. Spätestens 2025 wird die Mehrheit der Bevölkerung konfessionslos sein. Eine rechtliche und organisatorische Gleichstellung dieser Gruppe mit den Kirchen ist überfällig. Alle Gottesbezüge in Verfassung, Gesetzen und Verordnungen müssen getilgt werden. Religiöse Symbole gehören nicht in öffentliche Räume.

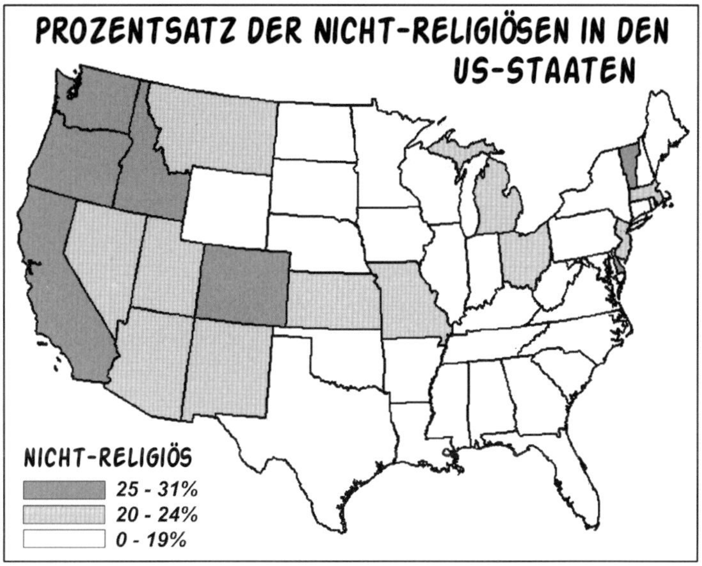

9. Schutz von Kindern vor Missbrauch unter religiösem Mäntelchen. Es muss ein einheitlicher Standard für den Kinderschutz gelten, egal ob die Eltern reich, arm, religiös oder indifferent sind. Im Verhältnis Kind-Erwachsener darf kein psychischer Druck aufgebaut werden, schon gar nicht aus religiösen Motiven.

10. Humanisten befürworten die Anwendung wissenschaftlicher Methoden und freier Forschung auf die Probleme des menschlichen Wohlergehens, was aber durch menschliche Werte in Bahnen gehalten werden muss. Wissenschaft gibt die Mittel, die Ziele aber werden durch Werte bestimmt.

Wenn all dies umgesetzt und eingehalten würde, dann würden wir in einem tollen Land leben!

Um **John Lennon** zu zitieren: „It may seem like I'm a dreamer, but I'm not the only one ..."

Es wird viel vom christlichen Erbe der westlichen Staaten von Europa bis Amerika geredet. Der Präsident der International Humanist and Ethical Union, **Andrew Thompson** will, dass auch der weltliche Einfluss Anerkennung findet:

Zunächst lehnten Christen in der Vergangenheit viele dieser Errungenschaften erst einmal ab.

Zusätzlich scheinen vorchristliche und nichtchristliche Gesellschaften viele, wenn nicht alle dieser Etappen des Fortschrittes zu unterschiedlichen Zeiten erreicht zu haben, ohne den Ansporn des Glaubens an Jesus.

Diese Arbeit wird heute mit humanistischen Projekten für Bildung und Armutsbekämpfung in Afrika und Indien weitergeführt, aber auch mit der Unterstützung bei dem Abhalten von nichtchristlichen Zeremonien wie etwa Beerdigungen, an denen jedes Jahr Hunderttausende teilnehmen.

Diese Arbeit für das Gemeinwohl ist etwas, worauf wir alle – Humanisten und Nicht-Humanisten – in unserer gemeinsamen Geschichte stolz sein können.

Zu den Humanisten, die wichtige Beiträge zum wissenschaftlichen, intellektuellen, künstlerischen und literarischen Erbe geleistet haben, gehören zum Beispiel:

EM FORSTER, SCHRIFTSTELLER.

BARBARA EHRENREICH, AMERIKANISCHE AUTORIN.

JOHN STUART MILL, DER VATER DES MODERNEN LIBERALISMUS.

KATHARINE HEPBURN, SCHAUSPIELERIN.

UND EBENSO: PAUL HENRI THIRY D'HOLBACH, CHARLES DARWIN, RICHARD DAWKINS, ERICH FROMM, JOHN DEWEY, WILHELM VON HUMBOLDT, JOHN LENNON, JEAN-PAUL SARTRE, THOMAS HARDY, JOHN FOWLES, SIGMUND FREUD, KARL POPPER, ARNO SCHMIDT, J. ROBERT OPPENHEIMER, B. F. SKINNER ... *UND VIELE, VIELE MEHR.*

Um eine Schlussfolgerung aus alldem zu ziehen: Alle Infos, Fragen, Sarkasmen, Argumente, Witze, Theorien und Ansichten in diesem Buch beziehen sich darauf, wie wir unser Leben führen, unsere Gesellschaft organisieren und uns als Individuen verhalten wollen.

Wollen wir das tun in Sorge für unsere miteinander geteilte Menschlichkeit, für das, was uns einigt?

Oder indem wir uns in Konfliktparteien aufspalten?

Entscheiden wir uns für eine vernünftige und logische Herangehensweise an Probleme?

Oder für wilde Vermutungen ohne Beweise?

Hinterfragen wir?

Oder akzeptieren wir blindlings?

Unsere grundlegende Botschaft an die, die eine Religion praktizieren, heißt nach dem Philosophen Simon Blackburn schlicht und einfach:

HVD
Humanistischer Verband
Deutschlands

Humanistischer Verband Deutschlands

Wir – Menschen im Humanistischen Verband Deutschlands

Haben Sie schon einmal vom Humanistischen Verband gehört? Falls nicht, haben Sie vermutlich nicht das Glück, in Berlin, Hannover, Nürnberg oder Stuttgart zu wohnen – denn dort sind organisierte Humanistinnen und Humanisten seit langem bekannt: unter anderem als Anbieter der Jugendfeier als einer religionsfreien, humanistischen Alternative zu Konfirmation und Firmung, als Träger von Kindertagesstätten und als Interessenvertretung in der Öffentlichkeit und gegenüber der Politik. Im Humanistischen Verband Deutschlands haben sich bisher mehr als 21.000 Menschen zusammengeschlossen, um für zahlreiche Bereiche und Fragen des Lebens ethisch fundierte Angebote für die Menschen zu entwickeln, die sagen: Goodbye Gott – wir können ohne Religion gut und „gottlos glücklich" leben.
Eine Überzeugung, die praktische Humanistinnen und Humanisten teilen, ist: Das Universum ist sinnleer, aber menschliches Leben auf unserem kleinen Staubkorn im unfassbar riesigen Universum ist deshalb nicht sinnlos. Wir stellen uns im Kleinen und Großen der Frage, woher wir und andere Menschen Sinn für das Leben, woher wir unsere Werte und Maßstäbe für unser Handeln gewinnen können, ohne auf Vorstellungen wie den Glauben an einen oder mehrere Götter und andere „übernatürliche Mächte" zurückzugreifen. Wie können uns stattdessen die Philosophien, Wissenschaften und Künste dabei helfen, für unsere Leben einen Sinn selbst zu bestimmen? Wie können wir gemeinsam Orientierungen und Leitlinien für die Unterscheidung zwischen „Gut" und „Böse" entwickeln? Wie können wir uns aufgrund unserer geteilten Lebensauffassungen und Orientierungen in die Gesellschaft einbringen: als Helfer zur Selbsthilfe für andere in sozialen Projekten, als humanistisch qualifizierte Begleiter bei Lebenswenden

wie der Geburt eines Kindes, dem Übergang zum Erwachsen-Sein, der Feier einer partnerschaftlichen Verbindung und dem Abschied von nahestehenden Menschen oder als Interessenvertretung, wenn es um schulische Wertebildung, andere Bereiche der Gleichbehandlung und Gleichberechtigung kirchenferner und nichtreligiöser Menschen geht oder um die Abwehr von religiös motivierten Übergriffen in Politik und Gesellschaft?

Humanismus im 21. Jahrhundert

Gegründet im Jahr 1993 nach christlicher Zeitrechnung, sind im Humanistischen Verband Deutschlands größere und kleinere Gemeinschaften von Menschen verbunden, deren gemeinsame verbandliche Traditionen teilweise mehr als 150 Jahre in die Geschichte zurückreichen. Die philosophischen und ethischen Orientierungen von uns Humanistinnen und Humanisten haben ihren Ursprung in menschlichen Überlegungen und Erkenntnissen, die es teilweise vor mehr als 2.500 Jahren nachweislich erstmals gegeben hat. Den Mythen und Erzählungen der Religionen stellen humanistisch denkende Menschen seit damals eigene Vorschläge gegenüber, wie wir Menschen unsere Leben sinnvoll gestalten können.
Bundesweit sind es heute bereits mehr als 150 größere und kleinere Projekte, in denen mittlerweile rund 1.500 hauptamtliche Mitarbeitende und etwa ebenso viele Ehrenamtliche mit der Unterstützung aller Mitglieder des Verbandes für die humanistische Bildungs-, Kultur- und Sozialarbeit wie auch die öffentliche Interessenvertretung aktiv sind – und in Zukunft würden wir gern noch viel mehr Menschen für unsere Anliegen und Tätigkeiten gewinnen, um so auch noch mehr Verantwortung in der Bundesrepublik Deutschland zu übernehmen.

Denn wir sehen, dass nichts von nichts entstehen kann (Lukrez)

Wie wir das tun, sieht man nicht nur in der Begleitung bei Lebenswenden wie im Rahmen der jährlichen Jugendfeiern, durch das Engagement für Wertebildung in den Schulen durch Humanistische Lebenskunde in Berlin und Brandenburg oder den Kampf für Angebote religionsfreier Wertebildung ab Klassenstufe 1 in anderen Bundesländern, durch die zahlreich sozialen und karitativen Dienstleistungen in den Projekten des Humanistischen Verbandes. Im Rahmen des von uns initiierten Bündnisses für sexuelle Selbstbestimmung unterstützen Humanistinnen und Humanisten den Widerstand gegen europaweite Bestrebungen rechter und religiös-fundamentalistischer Gruppierungen, ungewollte Schwangerschaften zu kriminalisieren und nicht-traditionelle Lebens- und Familienformen zu diffamieren. Im Rahmen des Bündnisses für Selbstbestimmung bis zum Lebensende wenden wir uns seit 2014 auch gegen das gesetz-

liche Verbot, todkranken und leidenden Menschen bei ihrem wohlüberlegten Wunsch nach einem Abschied vom Leben zu helfen. Im Zuge des 2015 von uns gestarteten Antidiskriminierungsprojekts gegen „Gläserne Wände" in Politik und Alltag setzen wir, die Menschen im Humanistischen Verband Deutschlands, uns für die Gleichberechtigung und Gleichbehandlung von Menschen ohne Konfession und religiöse Bindung in allen gesellschaftlichen Bereichen und bundesweit ein. Wir pflegen außerdem international Verbindungen zu den Geschwisterverbänden in anderen Ländern, arbeiten zusammen für die gemeinsame Interessenvertretung auf Ebene der Europäischen Union und der Vereinten Nationen. Wir setzen uns darüber hinaus für Menschen ein, die wegen ihrer atheistischen oder religionskritischen Auffassungen und Äußerungen aus ihrem Heimatland fliehen mussten.
Besonders wichtig ist uns ebenfalls unser Jugendverband, mit dem die Jungen Humanistinnen und Humanisten (JuHu) in Deutschland in vielen Bundesländern aktiv sind. Auch bei den JuHus stehen die Beschäftigung mit ethischen Fragen und der Einsatz für Menschenrechte ebenso auf der Tagesordnung wie gemeinsame Camps, die Organisation von Ferien- und Freizeitfahrten, internationale Treffen oder andere spannende Projekte, in denen unser gemeinsames Humanismus-Verständnis zum Ausdruck kommt – und das natürlich alles immer mit einer richtigen Prise Spaß, Humor und Offenheit für Neues.

Wir sagen: herzlich willkommen!

Durch das vielfältige Engagement der Menschen, die sich unserer geteilten Lebensauffassung, unseren Werten und Prinzipien verpflichtet fühlen, ist der Humanistische Verband in einigen Regionen ein fester Ansprechpartner der Politik oder anderer Stellen. Vertreterinnen und Vertreter des Verbandes werden einbezogen in Diskussionen, wie wir gemeinsam mit der Gesellschaft eine gerechte und friedliche Gesellschaft gestalten können, wie humanistische Perspektiven auf ethische und andere Problemstellungen sind oder wie das richtige Maß beim Verhältnis zwischen Staat und Religionen ein pluralistisches und gleichberechtigtes Miteinander aller Bürger gewährleisten kann. Als Humanistinnen und Humanisten lehnen wir Ungleichbehandlungen und Vorverurteilungen von Menschen wegen ihrer weltanschaulichen Auffassung, ihrer Herkunft und Heimat, ihrer Sprache, ihres Geschlechts und sexuellen Identität oder ihrer politischen Anschauungen, sofern diese mit der Allgemeinen Erklärung der Menschenrechte und den darauf fußenden Konventionen vereinbar sind, ab.
Einige unserer Ideen sind schon Jahrtausende alt, viele unserer humanistischen Traditionen älter als die Demokratie in Deutschland, viele unserer Mitglieder setzen sich täglich gemeinsam für eine säkulare und offene Gesellschaft ein. Wir wissen aber auch: In vielen anderen Ländern der Welt ist die Lage für Menschen ohne religiösen Glauben

noch längst nicht so sicher wie in der Bundesrepublik. Auch deshalb streben wir im Humanistischen Verband Deutschlands danach, in Zukunft noch mehr Menschen für unsere Anliegen und Ziele zu gewinnen – und dann eines Tages auch Humanistinnen und Humanisten ländergrenzend übergreifend dabei zu helfen, sich Gleichberechtigung erkämpfen und eine starke eigene Kultur-, und Bildungs- und Sozialarbeit praktisch wirklich werden zu lassen. Wenn Sie uns dabei unterstützen und mitmachen möchten – herzlich willkommen!

Arik Platzek

Gläserne Wände? – Gleiche Rechte für Nicht-Religiöse Menschen!

Im Rahmen des im September 2015 erstmals veröffentlichten Berichts „Gläserne Wände" zur Benachteiligung nichtreligiöser Menschen in Deutschland ist der Humanistische Verband heute die einzige Organisation, deren Angehörige sich dauerhaft aktiv für die Gleichberechtigung und Gleichbehandlung von Menschen ohne religiöses Bekenntnis engagieren.

Viele der Diskriminierungen, die wir in Deutschland nicht zuletzt im Rahmen unseres breiten und vielfältigen Engagements feststellen müssen, ergeben sich durch „gläserne Wände". Damit ist gemeint, dass nichtreligiösen Bürgerinnen und Bürgern zwar in Gesetzen grundsätzlich gleiche Rechte zugebilligt werden, sie diese aber dennoch nicht gleichberechtigt wahrnehmen können. Sie können ihre Rechte also wie durch eine gläserne Wand „besichtigen", aber sie können sie nicht nutzen. Wir sehen hier einen ähnlichen Effekt wie bei der „gläsernen Decke", die oftmals den Aufstieg von Frauen behindert. Auch hier sollte zwar nominell Gleichberechtigung existieren, aber dennoch wirken – oft verdeckt und im Hintergrund – Kräfte, die die Umsetzung dieser Gleichberechtigung verhindern.

Ja, ich will – gleiche Rechte!

In der Bundesrepublik Deutschland liegt das vor allem am „kirchenförmigen" Zuschnitt dieser Rechte und am fehlenden Willen der Politik, diese Rechte auch im Staats- und Verwaltungshandeln zuzulassen und zu verwirklichen. „Kirchenförmigkeit" bedeutet: Damit konfessionsfreie bzw. nichtreligiöse Bürger ihre Rechte wahrnehmen bzw. verwirklichen können, wird verlangt, dass sie sich wie Angehörige traditioneller kirchlicher Institutionen organisieren.

Wir meinen jedoch, es steht einem weltanschaulich neutralen Staat nicht zu, Bürgerinnen und Bürgern ohne christliche Konfessionszugehörigkeit eine kirchenförmige abzuverlangen, um gleichberechtigt und gleichbehandelt zu sein.

Unsere Forderungen lauten:

- Keine einseitigen oder privilegiert religiösen Bezüge in Gesetzen und Verordnungen
- Keine religiösen Symbole in Amtsräumen
- Einrichtung einer fair besetzten Konferenz der Religionen und Weltanschauungen, die die Verteilung der unterschiedlichen Überzeugungen und Bekenntnisse in der Bevölkerung angemessen widerspiegelt
- Verwirklichung der weltanschaulichen Pluralität durch Einbeziehung von weltlich-humanistischen Repräsentanten bzw. Sprecherinnen bei Staatsakten u.a., alternativ: Verzicht auf jegliche religiöse und weltanschauliche Bezugnahme
- Abschluss von Staatsverträgen mit allen relevanten weltanschaulichen Gemeinschaften
- Anerkennung und Gleichbehandlung von humanistischen und nichtreligiösen Feiertagen
- Begrenzung der Sonderstellung des kirchlichen Arbeitsrechts auf den im engsten Sinne verkündigungsnahen Bereich
- Streichung aller darüber hinaus gehenden Sonderregelungen jenseits des legitimen Tendenzschutzes, die zur Diskriminierung von nichtreligiösen Beschäftigten führen
- Gewährleistung einer ausreichenden Trägervielfalt durch die Kommunen
- Flächendeckende Versorgung mit Kindertagesstätten mit weltlich-humanistischem pädagogischem Profil
- Zulassung und Einführung des Unterrichtsfaches Humanistische Lebenskunde ab Klassenstufe 1 an allen öffentlichen Schulen, analog zu den Religionsunterrichten
- Einführung eines integrativen Ethikunterrichts nach dem „Berliner Modell"
- Weltanschaulich neutrale bzw. gleichberechtigende Formulierung der Wertebezüge in Verfassungen, Schulgesetzen und Lehrplänen
- Pädagogische Verankerung von Grundlagen der Evolutionstheorie bzw. zentraler Erkenntnisse über die Evolution ab der Grundschule
- Einrichtung von Lehrstühlen für Geschichte und Theorie des weltanschaulichen Humanismus und Schaffung von universitären Ausbildungsgängen (etwa humanistische Studien) zur Qualifikation von Berufstätigen für die praktische, weltanschaulich geprägte Arbeit
- Finanzierung eines humanistischen Begabtenförderwerks durch das Bundesministerium für Bildung und Forschung
- Entfernung aller religiösen Symbole aus den Schulen (ggf. bis auf Religionsunterricht); alternativ: Anbringen aller Symbole der in der Schülerschaft vertretenen Religionen und Weltanschauungen
- Umwandlung der staatlichen Bekenntnisschulen in reguläre Gemeinschaftsschulen; alternativ: Umwandlung von christlichen staatlichen Bekenntnisschulen in weltliche Schulen in humanistischer Trägerschaft nach Anteil an der Bevölkerung

- Repräsentanz zumindest der öffentlich-rechtlich konstituierten Weltanschauungsgemeinschaften in den Rundfunkräten
- Bereitstellung von Sendezeit gemäß der jeweiligen weltanschaulichen Zusammensetzung der Gebührenzahler
- Umbau der öffentlich-rechtlichen Kirchenredaktionen zu plural besetzten Redaktionen für Religionen und Weltanschauungen
- Verlässliche Gewährleistung des erforderlichen Leistungsumfangs in allen Kliniken ohne religiös motivierte Einschränkungen – alternativ: deutliche Verringerung von Kliniken in christlicher Trägerschaft
- Gleichberechtigte Einbeziehung weltlich-humanistischer Beraterinnen in der Krankenhausseelsorge und bei Ethikkonzilen
- Refinanzierung der humanistischen Krankenhausseelsorge analog zur kirchlichen Krankenhausseelsorge
- Einstellung von 50 bis 100 Humanistischen Beraterinnen bei der Bundeswehr
- Weltanschauliche Öffnung des Lebenskundlichen Unterrichts der Bundeswehr, auch beim Lehrpersonal
- Beschränkung der öffentlichen Bezuschussung von Kirchentagen auf ein angemessenes und nachvollziehbares Maß, das sich am kulturellen und touristischen Beitrag der Ereignisse orientiert
- Abschaffung des staatlichen Kirchensteuereinzugs
- Überarbeitung des Geflechts der finanziellen Zuweisungen staatlicherseits an die Kirchen-, Religions- und Weltanschauungsgemeinschaften auf Grundlage des vom Grundgesetz vorgesehenen Prinzips einer weltanschaulichen Neutralität und kooperativen Laizität
- Ablösung der sogenannten historischen Staatsleistungen durch eine Erneuerung der gesetzlichen und vertraglichen Grundlagen, welche die finanziellen Verhältnisse zwischen Staat und den in ihm befindlichen Religionsgemeinschaften regeln, sodass die finanziellen Leistungen des Staates an die Kirchen transparent werden
- Umwandlung aller „Konkordatslehrstühle" in reguläre Lehrstühle durch Aufhebung der entsprechenden Regelungen
- Sonderstellung der sogenannten stillen Feiertage beenden
- 166 StGB („Blasphemie"-Paragraph) streichen

Alle 33 Forderungen sind am 10.12.2016, dem internationalen Tag der Menschenrechte, anlässlich des beginnenden 500. Jubiläumsjahres der Reformation 2017 in mehreren Städten Deutschlands öffentlich vorgestellt worden. **Die Forderungen bzw. Thesen gegen die Benachteiligung von konfessionsfreien Menschen sind online unter www.reformation2017.jetzt.**

Der Autor

Sean Michael Wilson ist ein Comicbuchautor aus Schottland. Er lebt in Japan. Er hat bei vielen Verlagen aus den USA, Großbritannien und Japan publiziert, etwa die Graphic Novels „A Christmas Carol", „AX: alternative Manga", „Parecomic" (mit einem Vorwort von Noam Chomsky) und eine Mangaversion des japanischen Klassikers „Das Buch der fünf Ringe". Seine Bücher behandeln oft Themen aus Geschichte und Gesellschaft, aber er hat auch Biografien geschrieben.
Homepage: **seanmichaelwilson.weebly.com**

Der Illustrator

Hunt Emerson zeichnet Comics seit den frühen 1970er Jahren und seine Arbeiten erschienen in mehr Publikationen, als er heute noch erinnern kann. Er hat über 30 Comicbände mit seinen eigenen, unverwechselbaren Geschichten veröffentlicht, darunter Neubearbeitungen von „Dantes Inferno", „Casanova" und „Lady Chatterley's Lover". Seine Strips erscheinen regelmäßig in „The Beano" (engl. Comiczeitschrift für Kinder), „Fortean Times Magazine" (eine skeptische Monatszeitschrift) und „Fiesta" (ein Männermagazin). Emerson lebt in Birmingham.
Homepage: **largecow.com**

www.tibiapress.de

9 783935 254342

9 783935 254335

9 783935 254328

9 783935 254311

9 783935 254304

9 783935 254298

9 783935 254281

9 783935 254274

9 783935 254250

9 783935 254243

9 783935 254236

9 783935 254229

TibiaPress Verlag